观 察

THE OBSERVER

第一辑

发展与均衡

主编◎杨其川　王　强

中国发展出版社
CHINA DEVELOPMENT PRESS

U0735284

图书在版编目（CIP）数据

观察.1，发展与均衡/杨其川，王强主编. —北京：
中国发展出版社，2012.10
ISBN 978-7-80234-850-9

Ⅰ.①观… Ⅱ.①杨… ②王… Ⅲ.①中国经济–经
济管理–文集 Ⅳ.①F123–53

中国版本图书馆CIP数据核字(2011)第234275号

书　　　名：观察：发展与均衡
主　　　编：杨其川　王　强
出 版 发 行：中国发展出版社
　　　　　　（北京市西城区百万庄大街16号8层　100037）
标 准 书 号：ISBN 978-7-80234-850-9
经 销 者：各地新华书店
印 刷 者：北京科信印刷有限公司
开　　　本：787×1092mm　1/16
印　　　张：11
字　　　数：170千字
版　　　次：2012年11月第1版
印　　　次：2012年11月第1次印刷
定　　　价：30.00元

联 系 电 话：（010）68990535　68990692
购 书 热 线：（010）68990682　68990686
网　　　址：http://www.develpress.com.cn
电 子 邮 件：10561295@qq.com

探寻铸造幸福的发展与变革

杨其川

中国在改革开放的30多年中，世界各国的财富，都以前所未有的速度和方式被创造和集聚。中国尤然，由于推行改革开放，市场要素被激活，释放出了强大动力，使经济增速突飞猛进，持续领跑全球。这种领跑地位在目前各国经济普遍低迷时更显突出。就经济总量排名而言，两年前即从30多年前的全球排名第13位，跃居全球第二，超过日本，仅次于美国。对于中国经济增速之快，即便是世界顶级经济学家，也不免深感惊愕，叹为奇迹。

但是，伴随着中国在工业化、信息化、城镇化、市场化、全球化上取得前所未有的成就的同时，城乡分隔、贫富悬殊、地区差距，以及经济增长带来的环境代价、资源代价、文化代价及社会代价等问题，却已使整个社会面临断裂的危险。据世界银行的统计数字显示，截止到2011年，中国大陆人均收入更是从1976年的全球排名第69位，被甩到了第133位。

从全球范围看，以上"五化"在创造出丰富的物质财富的同时，并未给我们这个星球带来普遍的公平和福祉。发达国家与发展中国家之间、发达国家之间、发展中国家之间三大不平衡继续存在和深化，同时，经济全球化又带来新的矛盾和问题。2008年9月全面爆发的全球金融危机，是世界发展不平衡矛盾的一个最新集中表现。欧美等发达国家和地区，目前还深陷危机之中，尤其是欧洲，欧债危机使得这片老牌的资本主义大陆难以看到曙光。

毋庸讳言，我们所处的世界，一面是物质充裕、一派繁荣；一面是贫富不均、沉疴遍地。

美国已故著名欧洲史学家、思想研究专家托尼·朱特认为，导致世界如此现状的总根源在于：我们今天生活的方式存在着根本性谬误，错把物质追求的自我利益变成一种美德，并成为唯一集体意识，甚至已臻顶礼膜拜之境地。用我国著名学者温铁军的话来说就是：我们每一个人，都成了纯粹的"经济动物"，除了物欲，再没有别的东西。

于是，有良知的人们开始反思，反思人类现有的发展模式，不少人还着手探寻"另一条路的可能"。著名经济学家吴敬琏更是一再呼吁："中国必须转型"，并明确指出，"转型的关键在推进全面改革"。

是的，世界需要反思，需要变革。发展失衡、矛盾开始凸显的中国，更是亟待变革与转型。

伴随着上述"五化"在全球范围内的推进，世界各国的社会经济环境、制度环境与治理环境，都已经发生了深刻变化。对中国而言，这种不断深化的变化和既有的发展模式之间，发生了日趋激烈的冲突和矛盾，诸多困难和挑战就在眼前：包括领土争端，欧债危机导致外需减缓,国内土地、劳动力、资本等要素成本上升,国家发展战略的转型,经济结构的再平衡,以及全面改革压力增大等等。

我们认为，亟待变革与转型的中国固然要把"探寻能够铸造幸福的发展与变革"作为基本任务，但首先要实现发展的"均衡"。我们强调的"均衡"，绝非传统意义上的"平均主义"，而是在追求经济增长与繁荣中，要兼顾生态平衡、社会公平、文化完整、信仰重建等。

面对困难与挑战，我们需要勇气和自信。正是基于这一认知，《观察》系列将与读者见面了。我们将秉承"共铸幸福"的理念，第一辑即以"发展与均衡"为主题，收录了近20名知名学者的文章。我们坚守独立、客观、前沿、多元、理性、建设性的基本原则，密切关注中国社会经济变革与发展中遇到的焦点或者难点问题，邀请国内外专家、官员、企业家与一线行动者等从其专业与实践出发，给出独立客观的评论、有建设性的方案设计与政策建议，以期扩散智识，寻找共识，唤起更多元、更立体、更符合事实和可持续的思考与行动，以增进社会的和谐。

[作者简介]　福建东南经济发展研究院院长,研究兴趣为:制度经济学、发展经济学、区域经济学、城市战略定位及其营销、新商业计划及战略的制定、新的商业模式转型、业务成长及运营改进等。

经济
转型 篇

城市化篇

农村发展篇

理论 思辨 篇

经济转型篇

　　美国次贷危机引发的全球金融危机给中国企业家敲响了一记警钟：过分依赖国际市场的需求，大大提高了中国企业在国际市场上的风险，势必影响到中国企业长远发展。

　　无论是开发国内大市场的潜力也罢，还是在做国际化的品牌大战中立于不败之地也罢，创新问题再次被摆到了企业家们的桌面上来。如何创新？如何鼓励创新？如何保护企业创新的积极性？这一系列问题都是我们在经济转型中亟待解决的课题，包括制度上的设计安排。

周其仁

城市化进程与经济转型

北京大学国家发展研究院院长、长江商学
院经济学教授。主要研究与教学领域：新制度经
济学、发展经济学、劳动经济学、中国经济等。

传统中国城市化进程缓慢

传统时代中国城市化的程度不高，是不是农业文明的一个必然的空间表现呢？农业活动的技术基础是光合作用，每一株作物的每一片叶子都要晒得到太阳，才有产出。这就决定了农业文明追求的是土地的面积——"有土斯有财"。在广袤的土地上搞农业，人口唯有分散居住，才便于就近照料庄稼。倘若不是因为安全与防卫的需要，传统农耕文明的居住模式是极其发散的。

不过，早有学者指出，中国山多地少、各地差异极大的生态经济环境，并不注定这个伟大的文明非要以农立国不可。事实上，商业文明早就在中国萌芽，而商业活动从一开始就提出了在空间上聚集的要求。我们不妨从最初级的市场"集市"开始，买家和卖家总是自然地聚到一起，仿佛非要熙熙攘攘地凑热闹，才便于交易的达成。问题是，仅仅为农业服务的集市，受制于交通条件，覆盖的人口范围不可能过大，本身聚集的程度也不可能太高。关于这一点，人类学家施坚雅（G.W.Skinner 1925~2008年）做过出色的研究。这位早在1949~1950年就在四川做过田野调查的美国教授，发现传统的乡土中国是由市场而不是由村庄组织起来的。在庞大的市场网络的最基层，往往是一个集市带动着周围15~20个村庄。

从集市"向上"发展，就会到达层级各不相同的"中心市场"。原来，交易活动也分层，并像产业活动一样会逐步升级！现在不难明白，这只不过反映了交易批量的增加、交易半径的延伸以及交易复杂程度的提高，所以需要集中更多的资本——人力的以及非人力的——参与其中，当然也因此需要更完备的保护。于是，高端中心市场多半设在有城郭拱卫之处，依城建市，"城市"应运而生。

当然，"城"还有其独立的来历。对版图辽阔的中国而言，庞大的军事行政网络必定有空间上的表现。至少秦汉以降，"百代都行郡县制"——皇帝靠朝廷命官治理天下，布关设防、征收税赋、实施政令，当然要选地理网络的中心节点充当各级衙门的所在地，否则无从应付大一统帝国极其昂贵的治理成本。官、兵、民的聚集之地，商业服务供需两旺，因城而"市"的，所在多有。其中，最耀眼的当数历代京师之地，像咸阳、长安（如今的西安）、杭州、北京，每一个都是最繁华大都会的一时之选。

这样，以市立城也罢，以城立市也罢，殊途并进，一起成就了中国层级制的城市体系。这里有什么共同的特点可以把握吗？我以为还是施坚雅的概述最为精炼："从一个中心地上升到上一级中心地时，居民的户数就会增加，而从事农业生产的劳动力比重则下降。"到了非农业人口聚集这样一个抽象层面，中国的城市与法国年鉴学派刻画下的欧洲市场与城镇体系，看起来也就没有什么很大的不同了。

可惜，城市体系作为复杂商业的空间构造，说精巧极精巧，说脆弱又非常脆弱。譬如战乱对城市的摧残，总是甚于对乡村的破坏。很不幸，中国历史上外患内乱频仍，战争动乱的规模之大、持续时间之长、杀戮之残酷，历史上的欧洲怕是没得好比的。历史似乎不讲对称，生产力聚集到城市不容易，破坏力以城市为目标却"很自然"。仅就此点而论，中国的城市文明即使达到过西方不曾有过的高度，也一定屡遭毁灭性的破坏。

和平时期城市发展的最大敌人，则是持久的抑商政策倾向。过去我总是读不明白，为什么历代中国皇权会一以贯之地敌视商业？有解释说，那是商业利润太高，难免令执政者担心农业生产的根基被瓦解。就是说，担心"无商不富"摇动了"无农不稳"。可是经济逻辑并不支持以上"道理"——商业暴富是因为商业活动的供不应求，唯有"兴商"才能降低其平均利润，而"抑商"反倒会永远维系商业暴利。历代圣贤与明君，怎么会连这个简单道理都不懂？后来看了1940年末吴晗和其他多个专家的著述，才领悟到中央皇权真正担心的是富商与之争夺官僚的忠诚。农业大国的财政基础薄弱，高薪养廉很好说，真正做到就不容易了。低薪不养廉，官僚们公权私用的成本很低，一旦富商用钱买走他们的忠诚，即便"贵为天子"，还有什么意思吗？这样看，"抑商"所固的远不只是"农本"，而是大一统天下国家的政治国本。

代价就是城市抑制。因为讲到底，抑商即抑城。商业活动要聚集在大大小小的城市中才能展开，人口聚集推进经济聚集（即人均收入显著增加），反过来经济聚集再吸引人口聚集，城市化的发动机就安装上了。可是，抑商政策插进来一杠子，非要把商业利润人为地压下去，那么商业活动的人口聚集就带不来人均收入更高的结果。失去经济聚集的刺激，甚至经商还不如务农，人口的城市聚集怎么可能会有强大的动力？

加到一起，以农业为本的经济结构、抑商政策倾向以及频繁的战乱，一起抑制了现代化中国的城市成长。据史家估计，1843年在中国商业经济最发达的长江下游地区，约有7.4%的人口居住在2000人以上的城镇，比商品化程度较低的华北地区的4.2%高出3个百分点以上；但1801年的英国，居住在5000人以上城镇的人口就达27.5%。这说明，早在工业革命之前，城市抑制就拉开了中国与西方国家发展的距离。

1840年以后的中国，主权动摇、被迫开放。以上海为代表的"五口通商"推进了城市化的进程，却又被一场场更大规模的战乱所抵消。正负影响算到一起，到中华人民共和国建国的时候，全国的城镇化率也就是区区的10%。

现代城市化滞后于工业化

工业化与城市化相辅相成。工业不同于传统农业，技术上不靠光合作用，不需要每部机器、每道生产工序都均匀地晒到太阳，所以可以在空间上集中，也需要通过聚集来节约基础设施的投资。此外，工业产能大幅度提高之后，产出有了革命性的增长，需要更发达的分配体系，一般也会刺激市场和商业中心的发展。

　　我国在很长的时期内，推进工业化的难度很大，因为长期以农立国，工业化的资本、技术、人才门槛太高，难以逾越。比较之下，"城市"却是老早就有了的。发展城市也没有什么名堂，似乎工业化之后，城市化自然就会加速。倘若工业没有长足的进步，"消费性的城市"再多，对经济也没有好处。由此，前辈学者皆重工业化。中国的工业化历经艰难曲直，终于在全球搞出了名堂。比照之下，倒是原先普遍认为门槛不高的城市发展，成为落后于工业化的一条短腿。

　　衡量工业化的水平，关键指标是"工业化率"，也就是工业增加值占经济总量的比例。城市化呢？当然是"城市化率"，即城市人口占全体人口的比例。这两个"率"，一个经济，一个人口，当然无从直接比较。不过，由于工业活动总要"投影"到人口的空间分布上，所以在经验上，以上两"率"又可以作统计上的比较。

　　根据2010年人口调查的结果，国家统计局宣布我国城镇化率51.3%，同年的工业化指数是多少呢？46.8%。这就是说，2010年我国不但城镇人口超过农村人口，且城镇化率也超过了工业化率。这当然是了不起的成就。不过就全球的情况来看，中国的工业化率相对于城市化率而言，还是偏高了不少。用世界银行的数据，2010年全球平均的城市化率为50.9%，而工业化率不过26.1%，而中国的两"率"的比值是1.09（即城市化率/工业化率为51.3%/46.8%）。全球的平均比值是多少呢？1.95（50.9%/26.1%）。中国的工业化率相对全球平均水平高出了近一倍，统计口径的细节差异就不重要了，从大的数据比例来看，中国工业化推进的城市化率的提升，远远不及全球平均水平。

　　与发达国家的区别就更为显著了。2010年，美国的城市化率/工业化率为4.1，即城市化率高达工业化率的4.1倍。同年同一比值，法国为4.11,英国为4.09，德国为2.64,日本为2.48，共同呈现出城市化率远远高于工业化率的特征。即便是"金砖五国"中的巴西、俄罗斯、南非和印度，城市化率除以工业化率的比值也分别达到3.22、1.97、1.38和1.15，都比中国的高。不可小看这个比值。工业化活动引起人口分布的改变，在空间上总有相应的表现。城市化率大大高于工业化率，描绘的是随着工业产出占总产出比重的提高，会有高比重的人口居于城市。这幅图像背后，有规律在起作用吗？

让我援引道格拉斯·诺斯的一项研究成果。这位后来以"制度变迁理论"荣获诺贝尔经济学奖的教授，早年是研究美国经济史的。1988年他与一位合作者发现，在1970年美国的全部产出中，来自交易部门的贡献高达46%至55%，比一个世纪前的美国状况——交易部门贡献了26%的总产出——整整提升了约一倍。这与经验的观察很一致，就是与"发展中的美国"相比，发达后的美国有更多的人力资源从直接生产部门转移到"交易部门"工作。后者通常聚集于城市，所以城市化率比工业化率有更快的提升。

如果交易部门不是比工业生产部门更发达，美国还能拥有世界第一强大的工业生产能力吗？答案是否定的。没有更发达的交易部门，工业品无从在市场上实现转手，很快遭遇"产能过剩"，那就再也谈不到继续发展了。毕竟，工业生产流水线的技术进步可以很快，产出的规模也可以迅速翻番再翻番，可是，打通市场的"技术进步"一般就没有那么快了。简言之，是无数的"推销员之死"，才成就了现代工业革命。

受此认识的提点，我对交易部门相对更快的增长，多少有了点敏感性。1996年回国，我前往济南看一家洗衣机厂，对这家当时生产规模不大的制造业公司要向几十个城市派出庞大的销售、服务和修理团队，印象极为深刻。1998年有机会访问TCL公司，他们介绍遍布全国的营销人员总数远比车间工人多得多时，我就不觉得那么吃惊了。交易部门的加速扩张，是工业化进步的可靠征兆。

可是，就整体而言，我国还是上述经济规律的一个反例。作为当今全球第二大经济体，2010年我国工业增加值总量为18.8万亿元人民币（约合2.78万亿美元），占据全球工业总量中的最高份额，也说明"世界工厂"名副其实。可是，若论工业化推动交易部门的更快增长，以及其空间投影——城市化率的上升——我国不但低于美欧和日本，甚至在金砖诸国中也居于下游。这里冒出来一个谜：工业化推动城市化率更快增长这个规律，为什么在我国经验里会失灵？

我的看法，谜底在于开放与全球化。今天的中国工业为全球市场供货，但中国制造的工业品之所以大步流星地走向世界，很大程度上是借助了"世界城市体系"的帮助。离开了香港、新加坡、首尔、东京、法兰克福、汉堡、洛杉矶、旧金山、芝加哥、纽约、伦敦等世界城市的商务、物流、技术和融资等多方面的服务，中国制造要坐上天下出口的第一把交椅，应该没有那么容易。

看来，内地企业的"借船出海"，首先是"借城出海"。来来往往之间，中国制造刺激了境外交易部门的繁荣，推动了相关经济体的城市化更上层楼。而今天发达国家的城市，服务的不仅仅是他们本国的实体部门，也为中国制造提供服务，并在服务扩展中成长。这就在某种程度上，替代了中国内地交易部门的更快增长。投影到空间表现上，中国的城市化率就没有表现出相对于工业化率的更快提升。虽然和自己比，近年内地的城市化率已经有了很大的提高，可是拿全球的情况作为参照，迄今为止，我们还是可以在中国现状中看到"工业化超前、城市化滞后"的现象。

城市化滞后与经济转型需求

长期以来，出口导向驱动的高速经济增长，遮蔽了我国经济的一条软肋，那就是城市化滞后。大量中国制造品源源不断地外销全球市场，其实是利用了现成的境外商贸、物流以及金融等方方面面的服务，也就是借现成的境外城市达成了中国制造的"出海"。一路顺风顺水走下来，中国作为世界工厂，经由境外城市向世界市场外销产品，十分顺理成章。

冲击才显露出掩盖在成就下的薄弱环节。2008年全球金融危机波及中国，使过往每年20%~30%正增长的出口，骤然降为20%以上的负增长。东部沿海出口主导的中国经济增长发动机，突然"失速"。那年10月间我先后在沿海一些工业区里打转，看到上下班人潮依旧汹涌，但订单大幅度下降的情况却普遍出现了。年底时分，农业部门发布的一项调查说，出现了2000万农民工的回乡潮，为1962年以来所仅见。

形势当然严峻。须知我国的出口在最兴旺的年份，几乎相当于国民生产总值的40%。外部冲击一到，我国的出口增长率里外里下跌了50个百分点，倘若找不到另外一驾马车顶替一下，经济增长断然难以持续。这就逼出了一个新动向：当庞大的出口工业能力遭遇外需疲软时，一些外向厂家率先向内"转型"，希冀通过开拓内需市场来摆脱困境。从道理上看，向内转具备可行性，因为外需走弱明显改变了中国产品在内、外市场上的相对价格，"看不见的手"终究会牵着厂家之手向国内市场的方向走。虽然购买力的绝对水平还是外高内低，但这些年国内消费市场扩容也不小，加上人民币对美元的真实汇率不可阻挡地升值，风助火势，"中国制造"部分转内，应该大有可为吧？

恰恰是2008年的温州之行，教我懂得中国制造转内销绝不容易。那次访问的由头，是温州市请来了诺贝尔经济学奖得主爱德华·普雷斯科特，要他为温州产业界指点全球危机的迷津。在论坛开始的前两天我先行到达，请当地朋友安排看几家温州制造企业。印象最深的，是红蜻蜓的老总钱金波在他的办公室里给我上的那一课。记得刚坐下来，钱总就报了一个数："今年销量下降了15%，这是从来没有过的。"我问："行业怎么样？"他说："降得更凶，怕30%还不止。""也是因为外销收缩吗？""是的。""怎么会呢？温州总不像东莞那么依赖外销吧"？

温州鞋业原本是内销为主的，大约六七年前开始大规模转出口。当时的情形是国际大公司拿着大订单来，看上哪家，全部生产线都要了，条件就是为外需贴牌生产。那时国内鞋的市场竞争激烈，杀价无情，还要跨地域管理庞大的营销网络，遇到经济景气波动，收货款都难。比较之下，外销订货数目巨大，回款的信用好，特别是交易简便，签了合同、发个传真就可以做生意。别看国际订单压价狠，毛利率低，可是走货量大，麻烦很少。权衡利害，大批温州制鞋企业转为外向。传统的温州商业模式，即"做市场、带工厂"，也一路转为"接单工业"。老板倒是再也不用那么辛苦了，特别是不用为国内商路上那层层叠叠的"麻烦"劳神了。

红蜻蜓集团算一个另类。2003年，一家国际连锁巨头公司要红蜻蜓集团接单。董事长钱金波在谈判中才算明白了接单模式的利与弊，看到了"舒舒服服贴牌"中隐含的代价。他认定，红蜻蜓遍布全国的1000家自营门店和3000家加盟店，才是自己真正的核心竞争力。尤其是看到业内那么多厂家亦步亦趋转接单，他把心一横，不但谢绝了超大订单，而且把当时已占公司30%产出的贴牌生产，也转为通过自己的渠道行销。这就是红蜻蜓集团在2008年的冲击当中受伤程度低于行业平均水平的原因。"好歹我们还可以通过自己的销售网灵敏地知道市场动向，可以及时调整。"接单工业就不同了，一旦国际市场需求减缩，没了订单，"就像电灯突然拉掉，屋子里马上漆黑一团，谁也摸不着门。"难道不可以再转型回来吗？无非是重操旧业，再把国内的行销商路建起来就是了。可是，钱金波对此不乐观。"那次从内转外，是从难转易；此次由易转难，不可同日而语。"更要命的是，"那时我们鞋业老板的平均年龄也就是30来岁、40来岁，现在40多岁、50多岁的，打拼不动了。"

温州工业和珠三角的制造业也一样，原本就是做内需起家。举凡纽扣、像章、眼镜、鞋饰、低压电器、小家电等等，这些当年赫赫有名的温州小商品，我们想不出有哪样不是冲着国内消费者而生产的。温州人的本事是做市场，10万经销员打天下，进而承包商业柜台，然后搞起遍布神州的经销系统，终于带出闻名天下的温州制造业。上个世纪90年代以降，特别是中国加入世贸之后，温州货走向更远的市场。草创的本地公司边干边学，把产品越做越好，达到国际市场可接受的标准。另外很重要的宏观环境因素，是1994年中国主动大幅贬低人民币对美元的汇率，国内工业的成本优势得以发挥，与国际市场打成一片，"中国制造"更开放地涌入世界市场。

恰恰在那一波转型当中，长三角、珠三角的制造业普遍发生了一种"流程性"的转变。原本的"以商带工"，逐渐演变成专业程度极高的"接单制造"。接单工业绝不是不要创意、设计、融资、分销、物流以及售后服务，哪一个环节也少不了，只是无须"中国制造"亲力亲为。所有那些环节，很多甩在了境外，由"发单"的跨国公司去完成。用进废退之间，中国制造转成了世界工厂，或者更准确地描述，就是成为世界的车间。中国制造借了世界商业、服务业和世界城市，然后大踏步地走向世界市场。

　　这也是2009年以后,虽然"转变经济发展方式"、"扩大内需"以及"刺激消费"等口号不断升温,但最后中国经济主要还是靠政府主导的高投资,才抵御了全球危机对中国增长的影响。说白了,在现实条件下能够替代外需这匹大马的,只是投资,而不是消费驱动的内需。

　　红蜻蜓集团的老总钱金波教我懂得了选一个新的角度看全球金融危机对中国的影响。已在相当程度上"接单化"了的中国制造,要转向开拓内需市场,非借国内商业与服务业的跳板不可。反映到空间布局上,这块跳板就是城市。问题是,"世界工厂"的多年繁荣,并没有为中国备下一个消化得了超前工业化成就的国内城市。整体看去,我国城市化的小马,拉不动工业化的大车。这是经济转型绕不开的一道坎。(转载于《经济观察报》)

刘世锦

中国"挤压式增长"后的速度回落与增长模式转型

国务院发展研究中心副主任、研究员。研究领域包括宏观经济、产业发展、经济制度变迁。

我国经济经历了超过30年的高速增长，但不可能一直持续下去，这是一个并不复杂的逻辑推论。问题是高速增长期何时结束？以何种形态到来？并会带来哪些可能的影响？当我国人均GDP按汇率法计算超过4000美元，且面临诸多矛盾与挑战时，对我国落入"中等收入陷阱"的担忧和讨论正在增多。在这一背景下，国务院发展研究中心开展了"跨越中等收入陷阱"的课题研究。在此我们回顾一下本项研究中关于若干重要问题的思考和观点，并作一些延展性讨论。

"挤压式增长"的若干发现

我们开展了对工业化历史进程和经验的研究，将先后踏入工业化进程的国家和地区分为五类：

（1）英美等先行发展、始终处在技术前沿的国家；

（2）成功追赶技术前沿国家的欧洲后发国家；

（3）发挥后发优势，实现较长时间的高速增长，并在创新驱动方面取得一定进展的东亚新兴工业化国家和地区；

（4）曾长期奉行进口替代战略并创造增长奇迹，后来一度落入"中等收入陷阱"的拉美和类拉美东南亚国家；

（5）曾长期实行计划经济体制并实现快速增长，一度也落入"中等收入陷阱"的苏联和东欧诸国。

在由上述几类国家和地区构成的工业化增长历史图景中，有先行者，有不同时期的后起者,后起者有成功者,也有为数不少的不大成功者或失败者。

在国际比较研究中,我们注意到了一些重要的典型化事实。

第一个发现,我们注意到了"挤压式增长"以及高速增长后的速度回落。与先行国家相比,后起国家以较少的时间完成了大体相同的工业化、城市化"工作量",而且越是后起的经济体,似乎所用的时间越短一些。比如,完成同样的经济增长任务,如果英美用了上百年,日本用了70年,韩国和其他东亚经济体用了50年,而我国(或者我国部分发达地区)用的时间可能更短一些。我们使用"挤压式增长"的概念来描述这一现象。增长速度在"挤压"之下提高,出现了高速增长期;一旦"挤压"增长的潜力释放完毕,将会合乎逻辑地发生增长速度的回落。

第二个发现,我们注意到工业化进程中两种不同类型的增长回落。一种是落入"中等收入陷阱"时发生的增速回落,典型例子是拉美国家。在我们的研究中,发现苏联和东欧国家在上世纪70年代中后期普遍出现增长大幅减速,可以被认为是另一种类型的"中等收入陷阱"落入者。令人深思的是,这种增长回落是在苏联和东欧国家传统计划经济体制依然强盛的情况下出现的,表明一旦体制失效,即使这一体制表面看起来仍很强大,增长回落亦未能避免;另一种增长回落出现在我们称之为"成功追赶型"的经济体,典型的有德国、日本、韩国和其他东亚新兴经济体。这些经济体的增长回落是在高速增长潜力基本释放完毕的情况下出现的。从一定意义上说,增长回落是成功渡过高速增长期、进而转入中速增长和高收入阶段的标志。

直观地看,这两类增长回落确有相似之处,如都是在经历了一段高速增长期(或黄金增长期)后的速度回落。重要的是二者的区别。就人均收入水平而言,"中等收入陷阱"落入者的增长回落,拉美国家出现在4000~6000国际元,苏东国家出现在5000~7000国际元;而"成功追赶者"的增长回落,则出现在11000国际元左右。前者是在高增长潜力犹存条件下出现"失速",后者则是在这种增长潜力和后发优势基本释放后发生的。最重要的是,"中等收入陷阱"落入者,不论拉美国家还是苏东国家,在推进工业化的体制、战略和政策上,都存在某些重大缺陷,如拉美国家封闭性的进口替代战略和苏东国家的计划经济体制。由于在工业化起步阶段便存在这些缺陷，注定了经济增长达到一定阶段后不具有可持续性。而那些"成功追赶者"之所以成功，也正是由于避开了上述缺陷。

与此相关的一个问题是外部冲击和增长下台阶的关系。从历史经验观察，一些国家的增长速度下台阶伴随着重大外部冲击，如拉美上世纪80年代的增长停滞伴随着债务危机，日本上世纪70年代的增速下滑伴随着石油危机和布雷顿森林体系的瓦解，韩国上世纪90年代后期的增速放缓也伴随着东南亚金融危机。由此引出的问题是，如果不出现大的外部冲击，增长速度下台阶还会出现吗？

这个问题实际隐含着另一个问题：增长速度回落是基于外因还是内因？我们认为，增长速度下台阶主要源于内因，只不过在特定情况下外因成为触发或加剧因素罢了。在落入"中等收入陷阱"的国家中，拉美国家所遇到的外债危机主要源于自身的结构和制度缺陷，而苏东国家在增长滑落并未受到大的外部冲击，且处在表面看起来的体制强盛期。而在"成功追赶型"国家中，虽然同样经历了上世纪70年代初石油危机，也同样具有很高的石油对外依赖率，日本在石油危机后增速下了一个台阶，而韩国则没有。韩国的增长下滑发生在20多年后的亚洲金融危机前后。根本原因是日韩两国分别在上世纪70年代初期和90年代中期达到了高速增长期结束的"时间窗口"。

第三个发现，是"成功追赶者"的增长回落伴随着经济结构的大幅度变动。高速增长期的典型结构，是工业加速增长，比重相应提高，成为经济增长的主导力量。在工业化的中后期，重工业增长加快，在工业中的比重提高，呈现出所谓"重化工业主导"的阶段性特征。大量资源被投入"迂回生产"过程。农业比重持续下降，服务业比重稳步上升，但仍非经济增长的首要驱动力。与这样的产业结构相对应，投资率保持在较高水平，成为需求的主要拉动力量，而消费需求则处在较低水平。当高速增长接近尾声，增速开始"下台阶"时，经济结构也出现剧烈变化。其趋势是，工业比重趋稳并逐步下降，服务业取代工业成为经济增长的首要动力。相应的，投资比重下降，消费比重上升。容易引起误解的是，此时的"结构调整"，并非由于服务业比过去增长更快、具有更高的生产率而取代了工业的领跑者位置，而是由于工业的增长放缓相对提升了服务业的地位。投资与消费比例也属于这种"相对变化"。

第四个发现，是随着增长速度下台阶，由高速增长转入中速增长，增长的动力机制也将发生实质性改变，由此引出了增长模式转型的问题。虽然增长速度下台阶令人瞩目，仍是表层或相当形式化的。它首先是大幅度结构变动的结果，在结构变动的背后，则是经济增长的需求和供给条件的显著变动和重新组合。在需求增长放缓的同时，包括劳动力、土地、资源等在内的要素成本加快上升，可直接引用的技术减少，加上老龄化带来的储蓄率下降，都将集中在一个核心问题上：生产率能否持续保持在一个适当高的水平上？

显然，原有的增长模式已无法适应变动了的经济结构和要素组合条件。即使是那些"成功追赶型"的国家，增长模式的转型并非一帆风顺。增长模式的转型其实是体制、战略和政策的系统转变，尤其是对那些曾经有效并取得巨大成功的体制、战略和政策来说，转起来更为不易。如日本曾在相当长时间内实施扩张性宏观政策，试图恢复以往的增长率，不仅未能奏效，还带来了资产泡沫、国债高企等问题。但总的来看，这些国家还是较好地转入了更多依靠创新驱动的增长路径，重要标志是各自都形成了一批达到或接近国际先进水平、具有稳定国际竞争力的产业和企业。

我国已经经历了超过30年10%左右的高速增长，无疑是另一个"挤压式增长"的典型案例。研究我国经济增长回落，需要放在"挤压式增长"的全过程观察。我们采取三种不同但可相互印证的方法进行测算，结论是我国经济潜在增长率有很大可能性在2015年前后下一个台阶，时间窗口的分布是2013~2017年。增速下降的幅度大约为30%，如由10%降低到7%左右。

从发展阶段理解经济结构调整

产业结构、投资消费结构等是通常我们所讨论的经济结构的主要内容。从"挤压式增长"过程看，产业结构中的工业高比重和投资消费结构中的投资高比重，是与宏观经济的高速增长高度相关的。分析我国过去一些年的经济增长数据，能够清晰看到，消费增长通常是比较稳定的，净出口增长有较大不确定性，决定增长速度的主要是投资比重，而投资比重又与工业比重密切相关。由于体制、政策方面的原因，我国确实存在着工业和投资比重过高的问题，但应当把这种"过高"与"正常的高"谨慎地区分开来。

当"挤压式增长"结束、经济由高速增长转入中速增长后，工业和投资比重将会趋稳并逐步下降，相应的，服务业和消费比重将会上升。值得提出的是，这种"结构调整"是由工业和投资的增速降低而导致的相对变化，而非服务业和消费出现了较过去更快的增长，其结果是整体经济增速的下降。当高速增长潜力犹存时，为了"调整和优化经济结构"，人为压低投资比重和工业比重，并不会出现"结构合理、效益提高"现象，相反，将会出现增速下降、企业盈利和财政状况变差的情况。值得注意和警惕的是，这种状况与落入"中等收入陷阱"的拉美国家当年的情景极为相似。而当高速增长潜力耗尽后，随着增长速度的回落，经济结构的大幅度变动将水到渠成。

这里需要提出讨论的一个相关问题是，未来我国工业特别是制造业的位置如何看、如何摆？我们认为，应当关注和吸取部分发达国家过度"去制造业"而导致的产业"空心化"、实体经济力量减弱的经验教训。即使我国未来制造业比重下降，不宜降幅过大，比如应保持在30%左右。服务业发展的重点，应置于包括研发、金融、物流、培训、信息服务、售后服务等在内的生产性服务业范畴，以带动和促进制造业效率提高、产业升级。这里还有一个对未来全球范围内我国产业竞争优势的展望问题。在全球化日益深化的背景下，任何一个国家（包括大国）不可能也没有必要在所有产业中都具有竞争优势，而只能在部分产业拔得头筹，有些国家是在少数几个产业上具有竞争优势。在高速增长背景下的规模快速扩张基本结束后，我国产业长期稳定竞争力的培育将比此前更为重要。然而，我国未来究竟哪些产业具有长期稳定的国际竞争力，基本上要由市场竞争来决定。就制造业和服务业比较而言，在可预见的将来，尽管服务业会有很大的成长空间，但我国的产业国际竞争力可能更多地仍将体现于制造业。所以，我国有一个比重较高且具竞争力的制造业，将是更长一个时期参与国际竞争的需要。

如何评估和理解已有的增长模式

发展方式转变，或增长模式的转型，首先涉及到对已有增长模式的评估。现在有一种奇特现象，即国内外对我国增长模式评估出现反差。近年来随着我国经济的持续快速增长，特别是国际金融危机冲击后的突出表现，国际上对"中国模式"的兴趣日浓，总体上给出了积极评价。反观国内，对增长模式的批评要更多一些。如何客观、历史从而正确地看待评价我国的增长模式，确实是一个重要问题。如果说我国过去30多年的经济增长堪称奇迹，同时又认为我国的增长模式"落后"、"不行"，逻辑上难以自圆其说。

回过头看，特别是在国际视野下与其他发展中国家比较，不难发现我国的增长模式具有诸多重要而独特的优点：达成自上而下、广泛而持久的"发展是硬道理"的社会共识，近些年又上升到"科学发展"的新境界；推动以"摸着石头过河"、"双轨制"等为特色的务实而有效的市场化改革；实施多层次而稳定持续的对外开放，较深程度地介入国际分工体系；以世界上最大规模人口为基础、虽不平衡但可互补的国内市场体系；在保持社会和政治稳定的条件下求得改革和发展的平衡推进等。我国市场经济体制的显著特点是"地方竞争"。省与省之间，市与市之间，县与县之间，以至更低层面的政府之间，都进行着通过改进本地投资和发展环境而争取外部资源、促进自身发展的竞争。有一级政府，就有一个竞争主体。这种独特结构是我国传统政府治理结构和市场经济结合的产物。当市场机制驱动的商品和资源跨区域流动以后，"强政府"在促动基础设施建设、提供交易者信用、动员本地要素并提高其质量、改进政府办事效率等方面，都表现出组织资源上的优势，在工业化处在起步或较低阶段时，此种优势更容易得到体现。而客观上存在的地方政府之间的竞争，又刺激了对这种组织资源的利用。值得研究的是，这种也被称为"发展型政府"的特点并非出自预先设计，而是在改革实践中通过适应性调整逐步形成，事后被观察和认识到的。这一点恰恰体现了我国改革的特点。

事实上，我们对我国经济增长模式的认识仍有待深入。我国经济已经取得了持续高速增长的奇迹，但我们对这一奇迹仍处在"知其然"，很大程度上"不知其所以然"的状态。而处在这种状态就存在着一种可能，即不经意间将一些原本难能可贵的东西否定甚至丢掉了。比如，我国的高储蓄、高投资是高增长的主要驱动因素，现在被视为增长模式中的突出问题。如果考察一下大多数发展中国家，这个因素正是其缺少且长期以来难以具备的。

当然，这样的观察并不否定我国经济增长模式的缺陷，问题依然是如何理解这种缺陷。通常认为，现有增长模式导致了几大不平衡：内外不平衡、投资消费不平衡、产业结构不平衡、地区发展不平衡、收入分配不平衡等。那么，这些不平衡是真正问题所在？还是更深一层问题的外在表现？我们认为注意力应主要放在深层问题上。目前最值得关注的深层问题有两个方面：一是能源、土地、金融、劳动力等要素市场不同程度存在的扭曲，导致资源误配和结构失衡。比如，要素市场扭曲促成了"虚高"的出口竞争力和过高比重的资源消耗产业；二是以国有经济为主、垄断性较强的非贸易部门（以基础产业为主）与以非国有企业为主、高竞争性的贸易部门（以出口导向型产业为代表）并存的二元结构。不少研究表明，前者在占有大量资源的同时产出效率大大低于后者，并包含了日益增长的金融财政风险。我国的产业竞争力主要来源于后者。

现有增长模式的缺陷与其特点或优点直接相关，一定意义上说是一个硬币的两面，即都根源于政府对资源配置的深度介入。它在创造高增长的同时，内生了诸多结构性不平衡；它在促成高投资时，包含了不容忽视的低效率和风险隐患。人们一再警告说，如果不解决上述问题，我国经济的高增长将是不可持续的。理想的办法应当是，通过深化改革去掉现有增长模式中不好的东西，保留好的东西，所谓"兴利除弊"，通过纠正不平衡保持经济的高增长。然而，改革未能取得预期的实质性进展，但高增长看起来依然可以维持。这样我们需要关注现有增长模式的另一个特性，即高增长本身具有较强的缓解或后推不平衡、低效率和风险隐患的能力。上世纪90年代末我国银行业改革时所剥离的上万亿不良资产，就是在以后的高增长过程中逐步消化的。这次应对国际金融危机冲击，主要靠的还是投资拉动，虽然对此有不少质疑，但只要高增长的潜力还在，我国经济已有的增长态势并不会被打断。

增长模式"时效性"带来的严峻挑战

我国经济下一步面临的问题是，如果高增长不可持续，将会发生什么情况？这里所说的高增长不可持续，并不是指所谓"主动调控"、人为压低的结果，而是潜在增长率下一个台阶。我们认为，在这种情景下，我国经济将会面临两方面的严重挑战。

首先，高增长时期能够掩盖的矛盾和风险无法继续被掩盖了，正所谓"水落石出"。部分是由于规模扩张速率放缓所致，部分是增长预期改变后资产重新估值所致。如果说美国由于过度消费而引发了次贷危机，那么，我国需要防备的是由于过度和不当投资引发的某种金融财政风险乃至危机。

其次，增长速度下台阶不仅是速度本身的改变，背后是经济结构和增长动力的改变。寻找和培育新的增长动力是所有曾经经历这个阶段的经济体都要面对的问题，但我国在增长动力转换中遇到的问题将会与那些成功追赶型经济体有所不同。

概括地说，我国在增长速度下台阶背景下的经济转型将会面对防控风险和增长动力转换两方面的挑战。具体地看，本项研究提出了一系列需要解决的问题清单：能否在增速下台阶时有效防范和化解高速增长期所积累的财政、金融风险；企业能否适应较低的增长速度环境，逐步改变"速度效益型"的盈利模式；能否随着增速回落而相应调整宏观经济调控目标；能否形成充分有效的市场环境，在竞争基础上产生一批创新型大企业和大量的创新型中小企业，培育出具有长期国际竞争力的技术、知识密集型制造业与服务业；能否进一步开放市场，放宽垄断行业特别是服务业准入限制，为服务业的大发展提供空间和动力；能否在城乡统筹的基础上，加快进城农民成为完整意义上的市民的进程，促进农民承包土地在保障权益的前提下优化配置；能否通过改革开放形成适应创新型社会建设需要的大学和科研体系；能否通过促进就业、创业与收入分配制度改革，使中等收入群体快速成长；能否建成适应新阶段发展和创新需要、有效分散和防范风险的现代金融体系；政府能否由增长主导型向公共服务主导型转变等。

回过头再看增长模式转型，我们可以把问题分为三类：结构性、体制性和时效性。浮在表层的是由一系列不平衡表现出来的"结构性"问题，背后则是资源配置中的扭曲所体现的"体制性"问题。值得探究的是，体制上的缺陷与优势很可能是共生的。尽管人们期待"兴利除弊"式的改革，事实上改革难度很大，不是因为没有"可改革"的空间，而是因为"能改革"的空间被大大压缩了。然而，只有经济仍有高增长的潜力，经济增长的势头并非像有些人担忧的那样不可持续。这说明既有的增长模式与高增长阶段具有相当强的适应性，不仅表现为可以启动和维持着高增长，更重要的是可以容纳、消解或后推看起来相当严重的不平衡、低效率和风险隐患。这可以理解为"时效性"。

本项研究所强调的是，当"时效性"成为一个问题，即潜在增长率下台阶、进入一个新的增长平台时，不能不面对原有结构性、体制性问题所引致的矛盾，尤其是风险冲击，而且要构造一个与新阶段增长特征相适应的增长模式。这就是下一步改革所要承担的历史使命。

需要明确新时期改革的目标和价值观

就常识而言，改革应当达成多方面的目标，比如解放生产力；扩张人的自由空间；提高人民群众的生活水平，如此等等。这些目标出自不同角度，均有其合理性，但相互之间也可能有冲突。在此之上，我们应当有更高层面的目标追求，这就是使每一位社会成员的潜能尽可能得到发挥。这个目标属于"规范性分析"范畴，看起来似乎相当抽象甚至遥远。但若将其放入实证分析过程，将会发现它是非常具体和有针对性的。事实上，提出这一目标，正是为了在纷纭复杂的改革格局中找到一条能够展开价值判断、理顺关系并一以贯之的逻辑主线。

比如，收入分配差距拉大是现阶段最突出的社会问题之一。如何解决这个问题，是仅仅在再分配上做文章，甚至"杀富济贫"，还是立足于改进社会成员特别是弱势群体发展能力建设和发挥的条件，使他们具有大体公平的发展机会，进而通过自身努力提高收入水平，并缩小收入差距？收入再分配无疑是必要的，但当前的基本问题是社会成员发展能力和机会的不均等。打一个比方，有两个青年人，一个来自城市，受过良好教育，加上有一定社会关系，在某金融机构从业，属高薪阶层；另一个来自农村，勉强上完初中，外出打工，收入菲薄，仅能糊口。如果脱去由各种社会关系构成的"外衣"，两个"赤身裸体"的人的潜能到底有多大差距呢？正常情况下差距应该不大，至少不会如实际收入差距所显示的如此之大，抑或差距是相反的，即农村青年的潜能大于城市青年。两者在现实生活中所表现出的收入以及能力差距，主要是由历史、文化、体制和政策等因素所导致的。解决这样的差距问题，最重要的还是通过改革、创新、政策调整，通过持续的发展，为他们创造出日益扩展且大体相同的发展能力建设和发挥的条件。有了这样的条件，即使存在差距，社会接受程度较高，也较易治理。

又如，转向创新驱动社会，实质上要求社会成员在更高程度和更大范围内表现出内在的创造力。一个创新不足的社会，必定是一个人们创造力受到抑制的社会，即使有经济增长，主要依赖于模仿。改变这种状况，就需要更多地拓展就业、创业、创新的空间；需要保护创新者的知识产权，给创新者足够激励；需要给各类创新者获取资源的平等机会；需要形成一种鼓励创新、容忍失败、给创新者以社会尊重的文化，如此等等。

再比如，消费比重低既可能来自对劳动者收入增长的人为压抑，也可能来自公共服务的不足。前者表现为劳动者贡献（能力发挥）的低估，后者则表现为在劳动者社保、医疗卫生、教育等方面的欠账，而这些方面对劳动者的发展能力建设至关重要。

由此可以看出，我国经济发展中呈现的种种不平衡，追根溯源，都会看到与社会成员发展能力建设和发挥之间的实质性关联。有理由相信，一个人的潜能得到尽可能大程度发挥的社会，应该是一个富有创新活力的社会，一个投资消费及其他重要经济比例关系较为合理的社会，同时也是一个收入差距较小且社会容忍度较高的社会。

提出这样的改革目标或改革的价值观，是以科学发展观中的"以人为本"为基础的。促进人的全面发展，是马克思理论学说的出发点和核心内容。经济学已经区分了增长和发展的不同涵义，人的财富增长与自身的发展也不一定等同。贫困可以源于发展机会的不均等，但富有未必来自发展能力的实现，比如某些石油输出国的居民，巨额财产的继承者，社会财富的贪占者和盗取者等。我们应当追求财富增长与人的发展的内在一致性。当一个人陷入贫困的时候，最需要关注的是他的潜能未能得到发掘；当一个人的能力得到充分发掘时，他的财富将合乎逻辑地增长，更重要的是，能力发挥和得到的社会认可，将带给他更多和更有价值的乐趣。这种状态也是我们致力于建设和谐社会的至高境界，因为只有人的发展潜能得到充分扩展的空间，社会才会获得可持续的和谐稳定性。

正是基于以上思考，我们提出了推动"参与促进型改革"的问题。所谓"参与促进型改革"的涵义，是以促进社会成员更大范围、更深程度、更高质量参与工业化、现代化进程，进一步释放社会成员发展潜能为目标，着力推进相关领域改革取得突破。其要点可概括为扩大参与机会，提升参与能力，完善鼓励创业、创新的制度和政策，创造稳定参与预期的法治环境等。

吴敬琏

创新驱动未来经济

著名经济学家，国务院发展研究中心学术委员会副主任，曾获首届"中国经济学奖杰出贡献奖"，连续五次获得中国"孙冶方经济科学奖"。

投资驱动增长走到尽头

　　企业为什么要一心一意地创新，核心问题就是我们已经连续60年的传统增长模式已经走到了尽头。现在我们面临各种微观和宏观的经济问题，它的症结、根源都在于我们这60年来所用的增长模式，它带给我们一大堆的问题已经积累起来，使我们要往前走一步都很困难。经济增长模式，最早是在上世纪60年代提出来的，那时候叫"增长方式"，后来又叫做"经济发展方式"，学术上叫做"增长模式"。它的核心内容就是依靠投资来驱动增长，来支持增长。我们在建国初期从苏联引进这种增长模式，它支持了中国的工业化，可是也带来了很多负面的东西。

　　我们大致上在上个世纪60年代开始就想实现这种模式的转变，但是一直没有成功。改革开放以后，在1981年人民代表大会批准的政府工作报告里面讲到了我们今后的经济发展方针，它的核心就是要把依靠投资实现的增长，转到依靠效率提高的轨道上去。但是因为体制上的原因，这个转变非常的缓慢。

　　改革开放以后，我们用了另外一个办法来弥补它的缺陷，这个办法就是用出口的需求来弥补由于这种增长模式所造成的内需不足和消费需求不足。这种办法在一段时间里面取得了效果，特别是在1994年的外汇改革以后，用出口导向政策弥补由投资来拉动增长和造成的需求不足，起到了很好的作用。但是到了本世纪初期，这个起弥补作用的出口导向政策所造成的问题，也变得越来越明显。它的正面作用在消退，负面作用在积累，近年来变得越来越突出了。不管从微观经济方面，还是在宏观经济方面，所积累的问题就变成了我们进一步发展的强大阻力，比如资源的耗尽，生态环境的破坏，投资率不断的上升。它最重要的影响就是因为用出口需求来弥补国内需求不足，使外汇存底越来越多，在宏观经济上造成货币超发。

现在我们有3.2万亿国家外汇储备，这是用25万亿的中央银行货币买来的。而中央银行货币是一种高能货币，在中国中央银行货币的货币乘数大概是4，这就意味着为了3.2万亿的外汇储备创造了100万亿左右的货币购买力。这个100万亿开始表现为我们资金充裕，可是经过一段滞后期以后，它就表现为资产价格、房地产价格飞涨，持续一段时间后就表现为通货膨胀。所有这些问题都使我们下定决心，采取有力措施来实现经济增长模式的转变。

效率提高有赖原创性创新

从"六五规划"提出转变经济增长模式以来，我们对它的解释越来越复杂。但从经济学观点来看，用一个生产函数就很容易解释清楚。一个生产函数总产出，比较明显的实现是劳动和资本。上世纪50年代以前认为，产出是由于资本和劳动的增加。但诺贝尔经济学奖得主罗伯特·索洛研究发现，美国20世纪的经济增长中有一个因素是劳动和资本不能解释的。这个因素叫做"索洛余量A"（Solow Residual），即技术进步。而我们在实际的经济计算工作中，这个"索洛余量A"就是全要素生产率，指TFB。也就是说，现代经济增长主要的来源不是来自投资，而是来自效率的提高，这是现代经济增长模式的特点。

改革开放以前我们的经济增长主要靠投资，改革开放以后主要是靠投资、靠劳动力，它是由于改革开放所带来的新的资源投入。我们有一个增长因素是用原来城乡隔绝的方式实现工业化，所以有大量的土地资源、劳动资源是闲置的或低效率利用的。政府手中有大量的资源在城市化过程中可以投入，比如土地资源。另外，因为我们在市场化过程中货币需求量大幅增加，发行大量货币不会引起通胀。过去30年政府手里有大量的钱和资源可以用，但是现在几乎到了尽头。国际创新特等奖获得者师昌绪院士说在深圳有一个很好的企业，需要20几亩地都拿不出来，可见这个浮财已经挖尽了。所以必须一心一意提高效率，提高竞争力。

不是说我们改革开放以来的增长完全是靠资源投入，改革开放以来跟之前有一个很大不同，就是我们的增长效率提高的贡献有了很大的增长。但这个效率提高是怎么来的？不是靠原创性的创新，是靠改革开放以后对于资源的利用效率提高了，还有在开放中靠引进设备和别人现成的技术，把落后的制造业技术水平迅速提高到发达国家的平均或基本水平上。这个技术水平差距是几百年积累起来的，但我们在30年改革里靠开放政策很快就接近了。但当我们的技术水平接近于发达国家普通技术水平的时候，靠引进就不行了，要靠原创性创新。

创新不等于技术和产业革命

各地都强调创新，但也出现了一些误解或误导，就是不要一提到创新就想到革命性的高技术发明，或者用战略性新兴产业取代所有原来的制造业。在制定"十一五"规划的时候我们曾经考虑过，提高效率、转变增长模式有几个方面的路径，其中有一些东西被大众所接受，但是有一些东西被忽略了，比如要依靠服务业的发展，要提高服务在整个经济活动中的比例。

另外是发展战略性的新兴产业。但这时候常常忘记了本质的东西在于提高效率，而效率的提高不一定表现为革命性的技术发明。所以当时在制定"十一五"、"十二五"规划的时候其实都提出了另外一个问题：我们产业结构中最大的一块，就是制造业。制造业是要被取代还是应该提升？创新是不是也要体现在原有的制造业里面？因为只要是能够提高效率，不管哪一个行业都是实现我们经济增长模式转变的重要内容。

现代制造业跟传统制造业相比有什么特点？就是现代制造业的附加值很高，它的附加值来自于哪里呢？来自"微笑曲线"的两端，前端是研发

RND、设计等一些活动，后端是渠道管理、品牌营销、售后服务，包括消费性的售后服务、金融的售后服务等等。这两端都是服务活动，只不过我们在统计时所统计的仅仅是独立的服务业企业，制造业内部的服务性活动的附加值是高的，但是统计不进去，所以如果仅以政绩为目标，它就会忽视制造业内部服务活动带来的效率提高。

此外，不但是技术创新，制度创新、管理创新、经营模式创新也是重要的创新。只要能够提高效率，不在多少，不在高低，只要能够提高效率，提高附加值，提高盈利率，就是实现我们增长模式的转变。引用美国总统经济顾问委员会波什教授的一句话："不管是硅芯片还是土豆片，只要能赚钱就是好片"。

企业才是创新主体

最近一年多来，政府加强了自己在经济发展方式转变中的作用，取得了一些效果。可是效率太低，成本太高。所以我们一定要按照科技大会所定下来的指导思想，企业才是技术创新的主体。政府主要的职责是为企业搭建一个好的舞台，创造好的经营条件。这个经营条件有三个基本的内容：第一就是为创新提供压力；第二就是为创新提供动力；第三是为创新提供能力。

首先是压力。过去政府总是把它认定的最好的企业扶着，叫做"慈父主义"。其实这是害了企业，第一是害了这个企业，第二是对一个企业给予倾斜，其实就打击了其他的企业，也许你扶起来一个企业，但是扼杀了成千上百个企业。其次是动力，动力来自何处呢？诺贝尔奖获得者诺斯有一句话讲得非常精辟：激励的要点在哪里？要点就是要让一个个体或者企业对社会的贡献和它取得的回报相一致，如果不是这样，那么企业或者个人就会去"傍政府"，因为政府手里有资源，这样就会破坏了激励机制。最后是要让他有能力，他自己负责能够取得资源。所有这些基本上要由市场来提供，所有的措施要以这个来衡量，政府就一定要弄清楚自己能做什么，不能做什么。

正如周其仁教授所说，为什么政府的能力是有限的？原因是我们在探索未知，政府没有这个能力知道未来会向什么方向发展，绝对没有这个能力。所以政府要去指定一个产业发展方向，指定一个技术路线，失败的概率几乎是100%，唯一的办法就是放手让千家万户的企业，让千百万人去探索。探索中失败的概率是很大的，但是因为你是千千万万的企业和个人在那儿探索，总有一部分人成功，它的成功就能够带动我们整个产业、整个国家走向一个成功的道路。（本文根据吴敬琏在2012"创新中国高峰论坛"的主题演讲整编而成）。

李稻葵

经济结构失衡的表象与深层原因

清华大学中国与世界经济研究中心主任，博士生导师，原央行货币政策委员会委员。主要研究中国宏观经济运行、经济发展模式及制度变迁的跨国比较及大国发展战略等。

消费尤其是居民消费占GDP的比例过低

中国经济结构失衡的表象是非常清晰和明显的，它体现在中国经济消费比例过低，投资比例过高，外贸顺差及出口占GDP的比重过高。我们将比较系统地逐一分析每个因素。

中国经济为什么消费比例占GDP过低呢？笔者曾与陈实（2009）经过系统的计量分析发现，居民可支配收入占GDP的比例不断下降，是导致居民的消费比例下降的最重要的因素。可以讲，中国经济居民消费占GDP的比重不断下降的原因不是文化因素，也不完全是社会保障的相对不足，基本因素就是居民可支配收入的不断下降。当然，不可否认基础医疗和教育支出会增加中国经济的消费，但并不是通过使居民有更多的安全感达到的。事实上，中国的家庭消费占可支配收入的比重是比较稳定的。

固定资产投资占GDP的比例过高

那么中国固定资产投资的比例之高是否合理呢？关于这一问题，学术界尚有争论。白重恩、谢长泰、钱颖一（2007）指出，中国的固定资产投资的回报率是比较高的，他们的计算表明，中国从1998年以来的资本回报率是20%。与此相同的观点是卢峰（2007），他的研究表明，中国企业的利润率是较高的。因此，他们的研究往往被用来支持一个推论，即中国固定资产投资占GDP比重高是合理的。

在学术界之外，包括经济政策界，大多数的观点认为：中国经济如此之高的固定资产投资率是低效率的、不合理的、难以持续的。那么如何评判这两类矛盾的观点呢？我们的观点是固定资产投资占GDP的比重是高还是低？最终的判定标准应该是社会福利，而不是投资回报率或利润率，而社会福利不仅要考虑当代人的社会福利，还更应该考虑到跨期的以及跨代之间的社会福利的总和。

笔者与徐欣、江红平（2009）曾试图从长期跨代社会福利的角度来探讨最优的投资比例，从最优增长的理论角度来测算中国经济最优的投资比例，研究表明：中国经济的投资比例明显偏高，比较合理的投资比例不超过40%。其基本的经济学道理很简单，最优的投资比例应该平衡今天和明天的效用，也包括当代人和下一代人以及未来若干代人的效用。从福利经济学角度考虑，中国经济未来的发展水平应该是比现在高很多，因此在这种情况下，如果像中国经济这样坚持如此之高的投资比例，就相当于让这代人为下一代人做出了过高的牺牲，这明显是不合理的。

出口及贸易顺差占GDP的比例过重

中国经济出口占GDP的比重最近几年来一直在30%左右，最值得我们关注的是我们的贸易顺差的结构是非常集中的，贸易顺差的大头是美国。这一贸易顺差的结构显然从国际政治角度来看是最不合理的，因为贸易顺差的第一对象是世界军事、政治实力最强的美国，它自然会引起国际政治的直接反弹。所以与其说中国经济的贸易依存度是中国经济的重要表象，倒不如说中国经济贸易顺差结构的不合理是阻碍中国经济下一阶段继续前进、不断崛起的最重要的国际政治矛盾根源。已经成为世界经济大国的中国，保持如此之高的贸易依存度和贸易顺差显然是不合理的，也是难以持续的，从发展战略上说，必须调整，走大国发展的合理道路。

以上在讨论了中国经济结构失调的三个表象之后，我们需要深入研究中国经济结构失衡的深层原因。我们认为，这深层原因来源于两个方面：一是经济体制改革尚不彻底，很多制度上的因素导致并加深了结构失调的现象；另一个是处于迅速发展的中国已经成为世界发展大国，沿用传统的小国发展战略已经不合时宜，中国经济的发展战略必须由传统的发展经济学的发展战略转为大国战略，即中国经济发展战略必须调整。

体制改革的重任尚未完成

改革开放30年，市场经济体制已经基本形成，思想领域、意识形态方面的禁锢已经打破，一系列基本的市场经济的体制和理念已经深入人心，但是经济体制以及公共管理体制方面的一些弊端仍然长期存在，尚未解决，这直接导致了经济结构的失调。

这一经济体制弊端的第一个表象就是各地政府盲目追求经济发展速度，追求GDP增长率的目标导向。各级政府把GDP增长率作为自己最重要的政绩，而GDP的增长率从地方政府角度看，最好的方式就是固定资产投资，固定资产投资最好的方式就是土地开发、基础设施建设以及从地区角度考虑的招商引资。这一导向毫无疑问会使得地方政府盲目追求短期的固定资产投资而忽略了结构调整，从宏观层面就表现为固定资产投资增长过快，制造业、高污染行业发展过快的局面。

体制方面的第二个问题就是国有企业改革尚未完全成功。具体表现就是大量的国有企业保持着垄断的地位，获得了垄断利润。由于国有企业的高层管理人员是政府任命，是政府干部管理体制的一个延伸，他们的行为目标在很大程度上是获得更快更高的政府提拔。因此，这部分企业愿意将获得的垄断利润留在企业内部进行扩张性投资，追求规模，追求产值，这也导致了中国经济的收入分配向企业有利方面倾斜，导致中国经济投资率居高不下。

体制方面的第三个因素是一些基础资源性产品的价格在政府控制之下长期低于其稀缺程度所对应的价格水平。这就导致了中国经济中资源的浪费，导致了资源性部门以及与资源相关部门的过度扩张，是低廉的资源补贴了当今的投资和经济增长。以电解铝为例，中国电解铝的生产能力居高不下，很大程度上是中国企业使用氧化铝的矿没有收应有的资源税，对电解铝生产使用的电也没有收应有的使用费和污染费，使得中国电解铝的价格仍然偏低。尽管这一价格也许比国际市场高，但考虑到中国经济是一个巨大的经济体，中国经济对电解铝的需求应该客观上拉动全球的电解铝价格，中国相对较低的电解铝价格实际上补贴了世界电解铝的消费者。电解铝价格较低的一个非常微观的表象就是中国的汽车大量使用铝合金的轮毂，就连一些低端的轿车也用的是铝合金的轮毂，这在美国、欧洲是非常罕见的。

体制方面的缺陷还表现为一系列现代市场经济的社会基础设施尚未建立起来。现代市场经济需要政府直接提供至少四个方面的社会基础设施：一是基础教育，公平且质量相当的基础教育；二是基本的全民医疗保障体系、公共卫生体系和健康维护体系；三是基础的住房体系；四是一定程度的全民退休养老保障。这四大体系构成了现代市场经济的社会基础，中国政府在这方面的投入明显落后于经济发展需要，这也使得中国经济的消费包括政府在这方面消费落后于经济增长。

发展战略亟需调整

发展战略的错位也是中国经济结构失调的另一个深层原因。长期以来，中国经济的各个方面，从学者到政策制定者，深受"东亚四小龙"以及日本等国发展模式的影响，无形中沿用了一个出口导向——发挥中国经济低廉劳动力要素的比较优势的发展战略。在这一发展战略思想的指导下，中国的出口迅速上升，外汇储备不断上涨，中国的制造业发展迅速，许多农村廉价劳动力得以转移到制造业部门。这一发展战略在中国经济改革开放的初期发挥了巨大作用，这毫无疑问是非常重要的。但是我们必须看到，这一发展战略在中国已经成为世界第二大经济体的今天明显是不适合的。

Eichengreen（2009）认为，中国作为一个大国，在制定政策时不应仅考虑对本国的影响，还应考虑到其国际影响。从理论层面上讲，作为一个大国，当中国追求一种出口导向的、发挥廉价劳动力比较优势的发展战略的时候，我们会使得全球劳动力密集型产品的价格迅速下降，使得全球技术密集型产品的价格迅速上升，如：欧美的高端的产品和高级设备。这正如美籍印裔的哥伦比亚大学教授、现代国际贸易理论的鼻祖J.Bhagwati 50年前指出的，这是一种悲情式的贸易增长模式。用俗话讲就是："中国卖什么什么便宜，中国买什么什么涨价。"更重要的是，从国际政治角度考虑，当中国成为一个经济大国的时候，我们的贸易结构、对外出口以及贸易顺差，无形中逼迫着我们的贸易伙伴进行经济结构的调整，而我们的贸易伙伴大多数还是发达国家。发达国家多年形成的经济结构是比较难于调整的，在他们被迫的经济结构调整过程中必然会带来相当数量的失意者，而这部分失意者必须会通过各种各样的政治渠道将他们的不满发泄在中国的崛起之上。这就是今天以美国为首的发达国家对中国挑起贸易战的根本原因。因此，中国经济必须走一条大国发展战略。

大国发展战略要求我们进行深刻的发展战略转变，我们必须意识到，作为发展中的大国，我们最重要的比较优势不是廉价劳动力，而是潜在的大市场，我们需要把中国经济发展的最重要的方向放到培育、启动和扩大中国国内大市场方面。在这方面，政府必须起到主导作用，必须使用手中的财政政策、贸易政策等一切手段来保护、维持和推动国内市场。金融危机爆发以后，中国经济被迫开始进行了结构调整，被迫反思我们的发展战略问题。大国发展战略最核心的要点就是要紧紧抓住中国经济自身市场这一最大优势，调动各种因素，包括国际投资因素和技术因素来推动经济的发展。（本文摘选自李稻葵2012年著作《乱世中的大国崛起》）。

许小年

知识产权保护与产业转型

中欧国际工商学院经济学和金融学教授，曾任职世界银行顾问，获中国经济学界最高奖——"孙冶方经济科学奖"。研究领域包括宏观经济学、金融机构与金融市场、中国经济改革等。

传统增长模式显现弊端

在"中国奇迹"和"中国拯救世界"的欢呼声中，GDP增长从2010年一季度12%的顶点，一路下滑到2012年一季度的8.1%，我认为这不是常规的经济体系循环，它标志着一个时代的结束，标志着投资驱动的传统增长模式终结。

传统的增长模式有两个：第一个是投资驱动；第二个是控制要素价格和重要的资源价格，以便企业进行低成本的扩张。投资增长多年超过GDP增长，在过去10年间，固定资产投资增速约为GDP增长的1.3倍，结果形成了大量过剩产能，一个人均GDP低于世界平均水平的国家，钢铁、煤炭、水泥产能位居世界第一，供需的矛盾越来越突出。为了突破国内市场制约，我们不得不大力开拓海外市场，以消化和吸收国内产能，但是现在外部需求萎缩，产能过剩水落石出，传统增长模式的不可持续性暴露无遗。从这个角度来看问题，金融危机不仅是对外贸出口的冲击，而且是对我国传统经济增长模式的根本性冲击。

为了缓解传统经济增长模式的危机，我国实行了大力的拉动政策。其实所谓的拉动内需，只是拉动了投资需求，没有把消费放在重点。为了刺激投资，一些地方政府一掷千金，低效或无效的项目大量上马，盲目的巨额投资，使产能过剩问题进一步恶化。在产能普遍过剩的情况下，制约经济增长的瓶颈因素不在是资金，而是投资机会的缺乏。当大型的钢材企业投资种菜养猪的时候，当造船厂因订单不足而裁员停工的时候，银行的贷款对他们有什么用呢？即使企业使用这些贷款投资，也不过是在增加一些没有销路的产能而已。

当前的经济形势，使我们回想起日本过去20年，日本政府花钱已经花到了将近破产的力度，货币政策方面，利率长期回落，而且在利率等于零的时候，还多次进行了数量松宽，向经济注入更多货币和信用，但是所有这些都没有奏效，日本泡沫经济到今天仍然处于衰退和半衰退的状态。如果不能从根本上找到解决的方案，而仅仅是放松银根，就有可能造成通货膨胀，这会带来一些影响和问题。

重振民营经济

传统的投资增长模式走到了尽头，如何度过当前的难关？我认为不能再靠传统的货币政策和财政政策，寅吃卯粮，将问题留给下一代，而是要直指病根，对症下药。既然原因是产能过剩和缺乏新的投资机会，就要通过市场化的收购和兼并，进行行业重组，消除过剩产能，就应当通过改革开放，特别是对内开放，消除过分管制，创造新的投资机会；既然消费的真实原因是民众的收入滞后，就需要全面减税，弱化政府的经济功能，强化政府的社会保障功能；既然第一成本扩张的道路走不下去了，企业就要尽快从制造向研发创新转型，但所有这一切，都要求重提市场的作用，重振民营经济。

重振民营经济有着经济转型和社会稳定的双重意义。一方面，由于垄断性国有企业的竞争压力小，他们缺乏创新的动力。即使创新成功，也不能享受创新带来的巨大回报。由激励机制决定，创新的成功必然是民营企业，没有民营经济的重振，就无法实现中国经济的转型。另一方面，民营经济也关系到社会的稳定。据全国工商联统计，民营经济目前占GDP的一半，雇佣了70%以上的劳动力。要稳定社会，必须稳定民营经济，否则就业问题就解决不了。

加强知识产权保护

如何重振民营经济，我们需要改革的法律、政策有很多，我在这里只想强调产权保护的重要性。如果没有产权保护，企业家不能预期未来，就不会有长期的投资计划，也不会投入资源进行研发与创新，因为他们不知道风向巨大的投资创新能否得到应有的回报。

我想引用诺贝尔奖得主诺斯的研究成果，根据诺斯的研究，英国成为世界上第一个完成了工业革命，并非因为英国当时的蒸汽技术最为先进，而是因为英国第一个建立了保护私人产权的制度，有效的产权保护，刺激了民间的投资和金融创新。诺斯因此称"工业革命"的实质不是技术革命，而是一场制度革命。在学术研究和历史研究上，工业革命的成功已经证明它和私人产权的有效保护密切相关。没有私人产权的保护，就不会有工业革命的产生，没有私人产权的保护，就不会有持续不断的革命性的创新。

其中知识产权的保护尤为重要。产业转型升级的关键是创新，创新需要研发投资，如果政府不能有效地保护知识产权，企业的研发投资就很难完全回收，得不偿失，企业就没有创新的积极性。设想企业投入大量人力、资金进行研发，新产品推向市场时就被抄袭仿制，山寨版产品降低了创新企业的产品价格和销售量，创新不能带来经济效益，以后谁还愿意投资研发呢？所以我们看到，世界上哪个国家的知识产权保护做得好，哪个国家的创新就处于领先地位。

要保护知识产权，就必须保护一般产权。创新的主体是企业和企业家，如果一个国家的企业家手里拿着外国护照，随时准备移民海外，他们就不可能有研发的长期计划。研发需要长期的投入，技术优势需要长时间的积累，要想使企业家、创新者长期在自己的国家投资和创新，把产品和技术留在这里，推动中国经济的发展，政府和社会一定要让他们有安全感。知识产权的保护离不开一般的和普遍的产权保护，产权保护的意义在哪里？一是让企业家安下心来，有长期创新、转型的愿望和计划；二是防止抄袭和造假者分食市场和利润。创新能带来足够的回报，企业就可以保持足够的创新动力，从而推动产业转型升级。

蔡立雄

经济增长模式、企业
技术战略与教育选择

龙岩学院副教授，西北大学中国西部经济发
展研究中心研究员、博士后。

中国就业市场的特殊性

胡锦涛在全国科技大会上宣布："中国要在2020年建成创新型国家，使科技发展成为经济社会发展的有力支撑。"建设创新型国家关键在人，在于有强大的人力资本支撑，国家为此不断加大对教育的投入。2012年温家宝在全国两会上宣布："中央财政已按全国财政性教育经费支出占国内生产总值(GDP)的4%编制预算，地方财政也要相应安排，确保实现这一目标。"与国家宏大的战略目标相比，年青一代受教育的意愿却呈下降趋势（主要表现为部分学生放弃高考、在校大学生厌学风气重、硕士研究生报考率自2002年以来几乎连年下降等），而这一趋势与近年来大学毕业生就业难、薪酬较低有直接关系。

在中国经济增长快速之时，为何高学历学生的就业水平和工资水平反而下降？现在舆论的基本看法有二：一是教育扩招导致大学生过剩；二是我国教育内容不符合经济实践的要求。果真如此吗？若是大学生过剩，为何各地出现民工荒？有人可能会说，农民工市场与大学生就业市场是不同的，但就业理论告诉我们，在经济萧条时期，最先失业的非熟练工人；也有人说是民工的工资要求低，但事实是大学生的工资要求仅为2000多元，甚至部分学生还表示愿意接受零工资的工作，为何就业仍不足？即使是教育内容不符合经济实践的要求，但总不至于受教育程度越高，人的能力越差，以至于还不如受教育很少的农民工，从而出现学历越高就业越不足的现象。这两种舆论既不能得到理论支持，也不符合逻辑要求。学生失业固然有教育本身的问题，但我们认为，当前中国就业市场的特殊性更应从经济系统本身来寻找。

中国经济增长模式、企业的技术战略选择与教育规模和结构

（一）经济增长模式、技术战略与教育需求模型构建

根据经济增长的主要源泉不同，一般把一国经济模式分为资源投入型和效率提高型。从促进效率提高的因素看，有的是通过制度变迁获取，几乎所有的转型国家在发展初期都依此释放生产力；也有通过技术进步获取的。因此，我们把经济发展模式分为三种，即资源投入型、制度变迁型和技术进步型。

第一，资源投入型是一种传统增长模式，企业选择粗加工技术，对人力资本的要求极低，对教育的要求限于培养社会管理人才。但一国的资源毕竟有限，经济发展实践已证明，没有哪一个国家仅凭借丰裕的资源进入先进国家行列。为实现经济的持续发展，这种模式必然转型为其他模式。

第二，转型国家要在短时间内实现大规模的制度变迁，大多数情况下，都需要一个强势政府发挥制度引进、设计、引导和示范作用。市场经济发展的历史表明，"制度结构和具有市场理念的个人又是长期历史发展的产物"[1]，"自由放任本身也是由国家强制实施的，通向自由市场的大道，也是依靠大量而持久的统一筹划之干预而加以打通并保持畅通的"[2]。因而在制度变迁中对人才的需求主要来自于政府方面，中国改革初期，政府机构的迅速膨胀可能与此相关，政府需要具有较高学历的人才，这促使中专和大学教育从20世纪70年代末获得了快速发展。但政府所需要的人才数量毕竟有限，政府机构的膨胀很快遇到了"诺斯悖论"[3]问题，为此，自1985年开始，中国进行了以精简机构和转变政府职能为主的政治体制改革。

转型早期经济市场化水平低，基本是卖方市场，产品不存在卖难的问

---

[1] 吴易风：《当代西方经济学流派与思潮》[M]，第391页，首都经贸大学出版社，2005年1月。

[2] 波兰尼语，转引自汤敏、茅于轼：《现代经济前沿专题（第二册）》[C]，第242页，商务印书馆，1993年12月。

[3] 诺斯提出国家具有双重目标：一方面通过向不同的势力集团提供不同的产权，获取租金的最大化；另一方面，国家还试图降低交易费用以推动社会产出的最大化，从而获取国家税收的增加。国家的这两个目标经常是冲突的。"诺斯悖论"描述了国家与社会经济相互联系和相互矛盾的关系，即"国家的存在是经济增长的关键，然而国家又是经济衰退的根源"。政府机构膨胀可能使租金代替产出成为主要目标。

题，企业对技术的要求低，只对企业的高级人员有高教育水平要求。但制度转型到一定水平，制度转型带来的利益增进作用将耗尽，经济的持续发展也要求制度相对稳定，为此制度的大规模转型不可能是经济发展常态，这决定了这一发展模式也必然转向依靠技术进步模式。

第三，一个国家技术进步的路径主要有两个：一是靠引进其他国家的先进技术，通过引进——消化——再创新的路径实现技术跨越，大部分后发国家都经历了这样一个模仿和再创新阶段，如德国、日本、韩国都是通过这一途径走上工业化道路的。后发国家与先发国家技术差距的存在，使后发国家能通过低成本的技术引进，实现高速经济扩张和技术进步；二是先发国家由于占据国际技术制高点，通过自身技术优势、资本优势和人力资本优势成为技术创新国，主要依靠自有技术创新实现技术进步，如上世纪的美国。通过创新或者模仿以实现技术进步，对人力资本的要求是不同的：创新需要对人力资本进行大量投资，为此应大力发展高等教育；而在发展初期，所模仿的基本都是成熟的标准化技术，主要实行拿来主义即可，只需要少量受过较高教育的人充当引进的中介和第一个"徒工"，其他人可通过"干中学"来掌握技术，事实上这部分技术即使是没有受过教育的人，通过简单模仿和重复劳动也能掌握，因而对人力资本的投资要求少。

企业在发展初期是通过创新还是模仿来实现技术进步，很大程度上是根据市场条件决定的。克鲁格曼和赫尔普曼（1991）把创新与模仿都视为理性选择的结果，"在欠发达国家吸收现有知识的过程和在发达国家创造全新技术的过程一样，在这两种情况下，学习和创新均需要根据市场状况进行资源配置和投资"。巴罗和萨拉·伊·马丁（1995）则指出，价格和技术差距因素影响着企业的创新与模仿决策。模仿比创新便宜，但在发展中国家技术模仿要花费相应的成本，并且随着发展中国家经济发展水平的不断提高，发展中国家与发达国家之间的技术水平差距越来越小，发展中国家可以模仿的技术越来越少，模仿难度越来越大，模仿成本也就越来越高。

当一国的制度变迁和技术进步路径确定后，若能在一定时间内实现较高回报，这样的路径将被强化并形成路径依赖，这是在理论上和实践上都已被证明的共识。发展中国家通过引进技术实现快速发展，不仅面临越来越高的模仿成本的约束，而且极易落入低技术增长陷阱，这是比较优势理论和现代国际分工与贸易理论阐明了的。除非一国的战略发生变化，否则将把自己锁定在低人力资本和技术追随者的行列（不能突破临界最小差距，进入先进国家行列）。在模仿的后期，模仿成本提高可能会使企业的技术进步路径陷入混沌状态，这时为降低模仿成本而加大对教育或培训的投资，从而使职业教育得到发展，这对仅以占领国内市场为目标的企业毫无疑问是一种最优选择；也有可能因社会知识积累不足而退求简单技术；还有可能转而从事创新，以降低对国际资本的依赖并追求国际利益，因而强调科学教育。

根据这些认识，可以构建一个简单的经济发展模式、企业技术战略与教育发展关系的模型（如图1所示）。

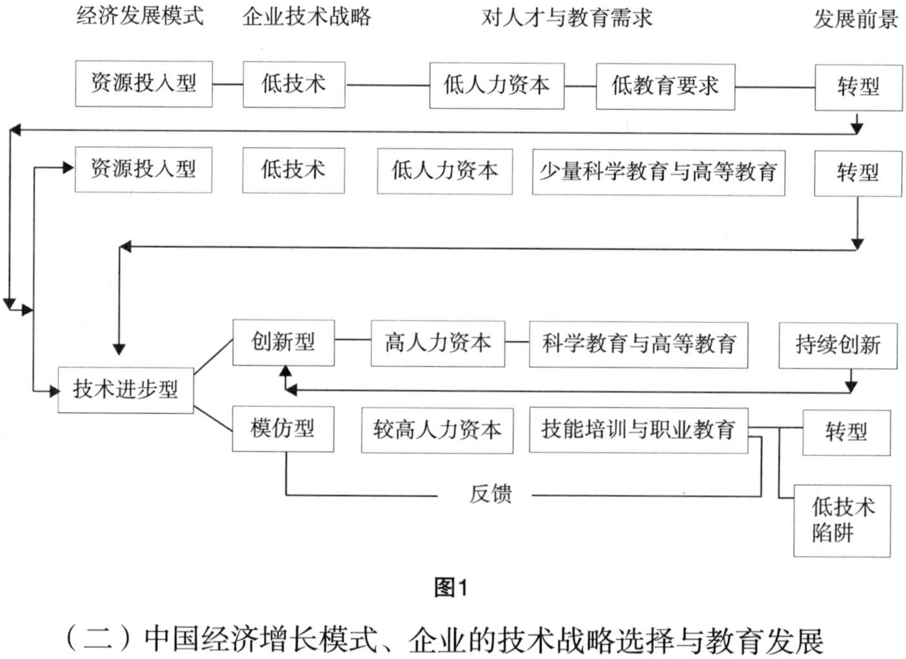

图1

（二）中国经济增长模式、企业的技术战略选择与教育发展

中国经济增长模式在1978年以前是资源投入型增长，在当时的计划经济年代里，企业尚未市场化，谈不上技术战略的自主选择。1978年后中国对内进行市场化改革，对外实行经济开放，并且对外开放程度是有限的，所以对中国经济增长贡献最大的乃是制度变迁和资本投入的增加。直

到1997年以前，中国宏观经济的形势被认为是一种"短缺"经济，面对国内庞大的市场，供给不足是宏观经济矛盾的主要方面，企业的规模也比较小，创新能力不足，进军国际市场的需求不强。虽然中国的技术全面落后于西方，但为了占领国内市场，企业只需要在国内领先的技术创新即可。此时，为了发展经济以满足国内需求，国家执行以市场换技术战略，大量引进国外"先进技术"。由于创新的高成本和不确定性，企业也普遍采取技术模仿战略，模仿成本极低，基本不需要配套的研发即可直接应用，因而不需要大量的技术人才，受过少量教育的人员经过简单培训即可生产，这一阶段是我国就业率快速提高时期。

20世纪90年代后，随着市场日益饱和，企业间竞争加剧，采取更高技术成为必然选择。由于此时国内外技术差距较大，模仿依然是技术进步的主题，但简单的模仿已不能适应竞争需要，企业开始需要更多具有一定文化素质的人才，国家强调要普及"两基"教育并大力发展中专教育，对高等教育中工科学生的培养数量也有所增加。由于此时技术进步主要是靠资本对劳动的替代，经济发展对就业的吸纳能力下降。

到90年代末期，中国宏观经济形势出现重大变化，由"短缺"经济变成"过剩"经济，卖难问题大量出现；价值规律中优胜劣汰规律第一次在中国显示其威力，落后产能被淘汰，国内外技术差距进一步缩小，模仿成本提高，对创新的需求有所增加。这一时期本是中国大力开展创新的良机，但长期以来重技术教育而轻科学教育的弊病暴露出来，国家与企业的创新能力不足，欲振乏力。为避免经济增长落入低技术陷阱，中国开始大力发展高等教育，高校办学规模和招生规模大幅增加，但从人才培养到形成创新能力毕竟有一个较长的时期，此时技术进步仍以引进和模仿为主。

经济增长的规模与模式、技术进步的路径与状态，也决定着不同时期的教育规模与结构。根据历年《中国统计年鉴》提供的各教育阶段的招生数量和结构可以发现：

第一，从经济增长与教育规模的相关性上看，除1978年"文革"后教育秩序恢复后的大增长外，各类学校的招生规模都实现逐年增长，其中1993年和1999年增长最为迅速。1993年是改革开放以来经济增长最快的一年，也是实行教育收费制度之后的第2年，各类学校受到扩大招生规模的激励；1999年是经济转为"过剩"之后的第3年，政府和企业在经济调整之后，急需更多有文化的人才来支撑经济的持续增长，国家为支撑经济高速发展对人才需求，这种需求传递到教育部门之后，促成新一轮的教育大增长。

第二，从技术进步类型与教育的相关性看，1999年以前中专招生增速一直快于大学，体现了通过简单模仿促经济增长的低技术模式对人才的需求性质；到了2000年，大学招生规模和增速才首次超过中专，实现快速增长，表明在20世纪90年代后期国内外技术差距缩小的情况下，学习曲线变得陡峭。为提升企业的技术等级和管理水平，提高经济增长质量，国家加大了对高层次人力资本的投资。同时，国际技术转移理论也证明：技术由发达国家向发展中国家转移的先进程度和速度，在很大程度上取决于发展中国家的人力资本积累水平，及当地企业的技术水平和竞争程度。大学的人才培养结构也清楚地表明，高等教育的发展只是为了更有效地利用国外技术。1999年以后新入学的各类大学生数量都有较大增长，但文科（含文、史、哲、经、管、法、师）学生增加的比例远高于理科和工科学生，由1999年的39%上升到2004年的51%，而理科生比重由10%下降到8%，工科学生比重由38%下降到33%。这些数据表明，当时政府和企业对经济问题的判断是：管理问题大于技术问题，硬技术可通过引进模仿，而管理等方面的软技术则要通过培养人才以能更有效地消化吸收。总之，改革开放30年并没有改变整个国家技术进步路径。

第三，从经济增长模式与教育的相关性上看，从1978~1988年，文科学生的入学比例由41%上升到51%，而理工科学生的入学比例则由42%下降到37%，并且从1979~1993年，理工科的新生比一直低于文科生，而1993年前正是中国制度变迁最快的时期，政府部门急需大批大学生以设计和执行制度变革，从1988年机构改革开始，文科新生的比重开始下降，而理工科新生的比重掉头上升，1989年后研究生的培养规模也逐年递增，表明中国经济增长路径开始由制度拉动转向寻求由技术拉动。

第四，小学的入学率也在一定程度上反映了人力资本投资意愿和企业的技术水平。我国有重视教育的传统和九年义务教育制度，适龄儿童入学率一直较高，1985年后由于农村经济的弱势地位，外出务工人员增多，希望接受基本教育的人也在增加，小学入学率从1985年起首次超过1978年的水平；但从2002年起这一比率开始下降，首先是由于人力资本投资成本较高，使部分人望而兴叹；其次是由于企业对平均教育水平以下的劳动力采取同质化的态度，在无能力对高水平人力资本进行投资的情况下，人的理性选择是采取最少的人力资本投资或不投资。

教育中的逆向选择问题及其原因

信息经济学认为，教育即使不能增进人的能力，至少也提供了一种人的能力显示机制和筛选机制。也就是说，受教育程度高的人一般来说能力也较高。而从经济发展的理论和实践看，能力高者生产率水平也较高，因而能得到较高工资并有较高就业率，但这并不意味着高学历者工资一开始就高于低教育水平者，因为消费的生命周期理论认为，新入就业市场的人由于缺乏工作经验，一开始只能得到低工资，但随着年龄和经验的增长，工资水平会日益提高。可以预见的是，高学历者的平均工资提高速度一定快于低学历者。当前我国研究生、大学生的工资水平等同甚至低于农民工，而且在中国经济增长迅速的情况下，这一群体的就业率得不到提高。这种现象既不符合国际经验，也不符合中国的经济规模和经济发展目标。

"逆向选择"是信息经济学中由于事前信息不对称导致资源配置或者交易的非效率现象。在就业市场上，雇主根据边际收益产品MRP等于工资W的原则来雇佣工人并支付工资，假定能力高的工人给雇主带来的MRP也高，就能获得高工资。如果雇主能清楚地区分工人的能力，那么劳动力市场的效率将会十分有效率，但工作能力属于工人的私人信息，雇主在事前并不能清楚每个工人的工作能力。虽然工人为获取更好的工作岗位和工资极力向雇主显示自己高能力的信息，但遗憾的是这些信息真假并存，如果雇主不能甄别真假，就只能根据全部工人的平均能力确定一个平均工资水平。那么低能力者工资水平将大于MRP，而高能力者的工资水平则低于

MRP，高能力者的利益将受损并选择离职或在工作中偷懒，从而产生了逆向选择，最终使雇主的利益受损。为此，雇主需要一个机制对这些信息进行甄别。一般认为，教育是提供这种信息甄别的较好机制。因为现代心理学认为，人的能力有一般能力和特殊能力之分，学习能力是人的一般能力；一般能力较高的人，在掌握特殊能力时也有较高效率，因而在工作中适应能力更强，工作效率较高，学习成本较低，这就提供了对工人的能力进行甄别的可能性分析。

因此我们可以假定：①学习能力与工作能力呈正相关关系，$MRP=W=Y$，Y为受教育程度；②学习能力与学习成本呈负相关关系；③市场上存在高能力与低能力两类不同的求职者，高能力者获得工资W_2，低能力者获得工资W_1，$W_2>W_1$，高能力者的学习成本$C_2=aY$，低能力者的学习成本$C_1=bY$，$a<1$，$b>1$。通过教育机制，我们可以对工人的能力进行区分，如图2所示。

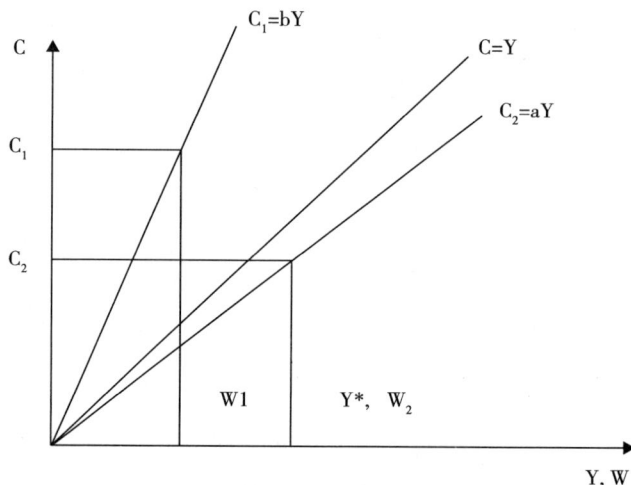

图2　教育与劳动力市场的分离均衡

从图2中可以发现：当雇主只区分两类工人并只给出两种工资水平的条件下，受教育水平达到Y^*的工人将获得工资W_2，受教育水平低于Y^*的工人将获得工资W_1。由于$C_1>W$，低能力的工人即使有很大的毅力将受教育水平提高到Y^*，从而获得工资W_2，但他的学习成本将大于从中所得，因而理性的参与人将维持较低的受教育水平，可以推论这些人的最优选择将是受教育水平法定最低要求；而高能力的人也不会将受教育水平提高到 Y^* 以上，因为更高的教育程度不能带来更高的收益。由此，高能力者与低能力者通过教育实现了分离均衡。但遗憾的是，并非在任何情况下，受教育水平与人的工作能力都完全正相关，而企业的物质技术装备与技术战略就是制约这种相关性的关键因素。

企业作为就业市场是主要需求方，对人才的需求：一是取决于企业的要素结构、技术水平和创新意愿；二是取决于人力资本使用效益。从企业的要素结构、技术水平和创新意愿看，在人力资源丰富的情况下，企业最稀缺的是资本，当资本的回报高于劳动的回报，企业也极力扩张自己的资本规模。以国家统计局提供的数据进行简单测算，我们发现从1978~2004年，每年资本形成规模增加了120.6倍，而劳动工资总额只增加了43.8倍。对改革以来经济增长来源的各种测算[1]也表明，资本对经济增长的贡献最大，从而使企业的技术进步类型表现出一定的资本替代劳动的特征。

长期的产品供给不足和国内外技术差距，使企业不需高技术即可大量获利，简单模仿构成了企业技术进步的初始路径，并形成了对国外技术的依赖，加上技术保护制度方面的缺陷，我国企业的创新动力不足。如：1991年我国有技术开发机构的大中型工业企业数占52.9%，到2002年仅为25.3%；有科技活动的企业数也由1995年的56.9%下降到2002年的44.8%；我国大中型工业企业技术开发机构及活动处于萎缩当中[2]。这就造成企业在生产中并不需要高人力资本的工人，也就是说，高水平的人力资本与现有大部分企业的物质资本构成和技术进步倾向并不匹配。

从企业的人力资本使用效益上看，据廖楚晖在研究公共资本、私人资本与人力资本关系时发现：不考虑将所有变量按人力资本进行平均时，私人资本对经济增长的拉动作用大于公共资本，且私人资本对经济波动的影响也大于公共资本；按人力资本对要素进行平均化后，我们发现，私人资本的效率明显下降了，对经济的作用也明显减弱了，公共资本较于私人资

---

[1] 1980~2004年资本投入拉动经济增长5.8%,对经济增长的贡献率达到59.2%(见《中国经济增长的动力及前景分析》,《经济研究》2006年第5期, 第4~12页)。

[2] 《靠"裤子换飞机"成不了科技强国》[EB/OL], 中国宁波网。

本对经济的贡献和影响更大①。私人企业技术进步的模仿导向使得人力资本的使用效率低下，这可能是企业不愿意过多雇佣高校毕业生的原因。虽然近年由于国内外技术水平的接近，使"拿来主义"出现一定困难，但要从事即使是难度较大的模仿而不创新，也只需要少量高人力资本的工人进行初次消化即可，这就使得2001年后理工科新生在全部大学新生中的比重不升反降。

在企业的技术类型与大学生的人力资本不匹配、人力资本使用效率不显著的情况下，不同人力资本的工人对企业生产和利润影响不明显，企业自然倾向于多雇佣成本更低的农民工，而不愿雇佣大学生和研究生。高学历的能力显示和筛选功能丧失了意义，当高人力资本投资不能获得更高工资和更好的工作之时，人们自然选择较低的人力资本投资，所以，研究生报考人数增长率下降和厌学风兴起也就成为必然，人们选择教育投资水平时也由此出现了逆向选择，低人力资本投资者击败了高人力资本投资者。

结论与对策

改革以前执行的高投入的经济增长模式导致了人力资本存量不足②、技术创新能力薄弱；改革初期的制度变迁增长模式使整个社会的人力资本存量有较大增长，且制度变迁对管理、人文社会科学方面的人才需求远大于对科技人才的需求，所以高等教育中人文社会学科的培养规模和增速都快于理工科学生；在制度变迁的同时，企业为占领市场也有提升技术水平的意愿，但由于创新能力不足、人力资本短缺、国内外技术差距较大和商品市场上的卖方市场，企业将大量引进和模仿国外成熟的标准化技术，这构成企业技术进步的初始路径，并在以后的利益高回报的反馈中形成了路径依赖，因而对技术人才的需求并不迫切。

---

① 廖楚晖：《中国人力资本和物质资本的结构及政府的教育投入》[J]，《中国社会科学》2006年第1期，第23~33页。

② 1978年我国大学毕业生仅16.45万人，其中理工科毕业生人数为6.92万人。

　　20世纪90年代中期以后，在市场化进一步发展和国内外技术差距有所缩小的情况下，技术进步开始成为经济增长的主题，但由于资本投入的高回报率，技术进步以资本对劳动力的替代为特征，为使用技术含量更高的物质资本，理工科学生的培养规模开始超过人文社会科学，这时候高学历与高就业是紧密相关的。

　　进入21世纪，硬技术的引进和模仿已达到一个比较大的规模，如何提高这些技术的使用效率，成为企业经营的关键，软技术的提高对企业效益的提高至关重要，对高学历人才的需求更加旺盛，大学生的培养规模和增速开始超过中专教育。但进行企业管理所需的人才毕竟有限，大学生就业难问题开始凸显，且有愈演愈烈之势。所以，高学历人才就业难不是因为培养的人才过多，也不是因为高学历人员的能力低下，而是由于我国执行以引进为主的技术进步路径和企业在这一模式下形成以模仿为主的技术战略，高等教育形成的人力资本结构与企业的技术和物质资本结构不匹配，致使企业人力资本的使用效率低，进而形成高低人力资本在就业市场上不同明显区分开来，高能低就成为就业市场的新现象，在同样回报的情况下，人们当然选择更少的人力资本投资，由此出现了教育中的逆向选择问题。

　　教育中逆向选择现象的出现，不利于我国的人力资本积累和经济持续增长，必须采取有效措施加以化解。

　　1．加大实施国家技术创新战略的力度：一方面增加社会知识存量，为企业技术创新准备一般知识基础；另一方面通过制度设计激励企业开展技术创新活动，包括对大中型企业规定技术引进配套研发基金，提高简单模仿成本。

　　2．加大知识产权保护力度，增加企业创新收益。

　　3．大力转变经济增长模式，对过高的资本回报率进行调节，适当提高劳动力的工资水平，进一步提高模仿成本，使企业的收益更多来自于技术创新和管理水平的提高。

　　4．努力提高第三产业的比重，第三产业不仅是劳动力密集型产业，也是创新最活跃的产业，而创新能力强的产业本身就是高人力资本投资产业。

5．在个人人力资本投资意愿下降的情况下，加大政府的投资力度，廖楚晖的研究还发现：我国经济的人均产出与政府的教育投入有显著关系，政府教育投入对经济增长有直接的促进作用。

6．加快实施走出去战略：一方面通过促进企业参与国际竞争，在国际竞争中直接体验技术进步对提高企业核心竞争力的重要性，引入技术创新压力；另一方面，通过大市场效应提高企业的技术创新收益，形成创新的内在动力。（本文系福建省软科学项目：《福建革命老区内源性可持续发展研究》海西重点课题——《龙岩经济增长源泉与增长质量研究的阶段成果》）。

城市化篇

从广义上说，城市化包括大城市化和城镇化。城市化过程中出现的诟病已经越来越为人们所认知，也就是通常所说的"城市病"。空气质量的下降、拥挤的交通、高企的房价、紧张的生活节奏、追逐物质的从众心理，甚至还包括城市有限资源的争夺，这些都构成了城市快速发展过程中伴随的另外一面。城市化程度往往成为一个地区经济发达程度的标尺之一，然而，在城市化过程中，我们如何面对这些"城市病"？除了令人爱恨交加的北上广深，还有越来越多的城市在看齐这样的一线城市。是民生之幸吗？在城市化的过程中，发展中的均衡面临着更为严峻的考验。

茅于轼

收入差距与社会垂直流动性

著名经济学家，中国环境与发展国际合作委员会能源工作组中方专家，代表作有《择优分配原理》、《中国人的道德前景》等。

近年来，和贫富差距同样重要，但不被关注的一个指标是社会的垂直流动性，即低收入阶层是否容易进入中高收入阶层。收入差距大，但是垂直流动性很高，未必都是坏事，它能鼓励低收入者奋发图强进入中高收入阶层。相反，绝对的收入差距虽然不大，但是垂直流动性很差，会造成社会发展的停滞和低收入者的愤愤不平，这对社会是危险的。

我国社会垂直流动性不足

中国在改革初期，有较高的垂直流动性。那时候阶级斗争对社会一部分人的歧视逐渐取消，一些久被压迫的人，地富反坏右和他们的子女获得了一定程度的解放，焕发出极大的热情。他们中有不少人通过跑单帮，做买卖，搞发明创造，发奋读书成为万元户、企业家、学者。但是近年来由于利益集团的逐渐形成和巩固，特权者彼此勾结，某些行业的平均工资比市场水平高出一倍，外面的人是进不去的，只有靠特殊关系才能够获得这种非市场的待遇。现在和过去相比较，垂直流动性大大地降低了。

我国的户口制度也在一定程度上妨碍了垂直流动性。移民进城的打工者不能获得城市户口。他们的子女虽然出生在城市，是城市里土生土长的人，也不被认同是城市居民。在高考、购房、买车、办证（如申请护照，办理出国）等方面都受歧视。户口变成了一种身份歧视，而不只是对居住的管理。

美国一直保持较好的垂直流动性。比尔·盖茨就出身平凡；奥巴马是一个黑人，也能当上总统；前国务卿赖斯也是黑人；再前国务卿奥尔布莱特是来自东欧的移民。在那里权势人士的子女未必权势，里根总统的儿子失业只能排队领救济金。美国也有一些大富豪，由于资产管理不善，几天之内变为穷人。他们没有固定的特权可以依靠，所以流动性很高。美国是一个贫富差距大，而垂直流动性也大的社会。不少外国人愿意去美国谋发展，就是因为垂直流动性高的缘故。

如何改善垂直流动性

要改善垂直流动性需要普及教育，消灭特权，发展社会公益，信息畅通无阻，人的基本权利得到保障。我国在这些方面，基础教育普及做得较好，其他方面仍旧是问题重重。这些问题不解决，我国的垂直流动性很难得到改善。

收入差距扩大、较好的垂直流动性，能使社会富有活力。但是并不能解决贫富差距造成的种种问题。所以即使有了较好的垂直流动性，减少贫富收入的过分差距仍然是必要的。美国最近发生的"占领华尔街"活动说明了这个道理。美国也在这方面做了许多工作。美国政府不但通过税收和社会保险来调节收入差距，还鼓励社会公益组织的发展，专门帮助低收入家庭。中国的税收只对工薪阶层有累进制，对靠资本获利的人根本就没有累进税，更不用说有些特权分子连税都不交。我国政府也不鼓励社会公益组织的发展，这些组织在注册登记方面非常困难。所以收入差距扩大的问题一直没有明显的改善。

正确认识收入差距

但是我们也应该看到，收入差距不能没有。否则大家吃大锅饭，彼此搭便车，社会的生产力会极大地被破坏。我们应该消除非市场因素造成的收入差距（严格讲，所有的初次分配都应该从市场得到，或者说按要素所得分配财富），同时对市场所造成的收入差距要加以限制。

纺锤形社会收入差距容易被观察，也有较多的统计数据，所以大家研究得比较充分。但垂直流动性很难被观察，更难去研究。所以特别值得我们注意。要比较垂直流动性的变化，可以在某一特定时期对高阶层人士作抽样调查，看他们的父辈是做什么的，然后比较不同时期的流动性。也可以每5年作一次收入分配制下每一阶层的人数变化，以观察财富在社会中分配的变化状态。

但是也要注意，垂直流动性是一个中性的指标。它只是说明了一个社会是否有变动，这种变动的机会大小。它并不能说明垂直流动性高就一定好。这要看是什么原因造成流动性和流动的方向朝好还是朝坏。在战争年代或动乱时垂直流动性很高，但是对普通百姓并不好；在制度稳定、百姓安居乐业时垂直流动性比较低，这也不是坏事；在非战争年代，尽管没有大规模的军事行动，如果底层中黑社会盛行，高层中特权膨胀，也会造成垂直流动性加快。在上面说到的按收入五分制统计的各层人口数的变化，可以看出垂直流动性对社会的影响。如果最穷和最富的人数减少，中间收入的人数增加，是一种好的垂直流动性。此时社会朝更公平的方向发展，结果是两头小、中间大的纺锤形收入分配社会。相反中间层向两头流动，表明收入差距在扩大，基尼系数会变大。

在没有特权、充分竞争的市场分配制度中，收入分配和人的才智、体力相关。而人的才智、体力是服从正态分布的，是两头小中间大。因此纺锤形的收入分配社会是比较自然的。但是对低收入人群的扶持还是十分必要的，这是对自然的必要干涉。

李鸿阶

我国城镇化发展的反思

福建省社会科学院副院长，福建省政府顾问，国务院侨办专家咨询委员会委员，主要研究世界经济、投资研究、华侨华人历史等。

改革开放以来，我国城市化发展迅速。1979~2010年，我国城镇化率由18.96%升至49.95%，2011年我国的城镇化人口比例超过了50%，这在世界城市化史上是极为罕见的，也超出了我国城市化目标的估计。20世纪70年代以来，许多第三世界国家都在拼命追求城镇化，由此带来了贫富差距扩大、房价高涨、失业率高居不下等问题，尤其值得我们深入反思。

我国城镇化发展的特点

我们知道，西方发达国家城镇化进程，大多是伴随工业化而发展的，如英国工业革命后开始的城镇化道路中，曾出现闻名于世的"圈地运动"，农民的土地被大量占用，只能到工厂里打工，农民变成了城市人。而我国城市化进程，存在着"大跃进"式的人为推动，形成了自身发展的特点。

首先，总体上看，我国城镇化发展快速。美国城市地理学家诺瑟姆曾用"S"型曲线描述城市化发展过程，并明确指出：城市化水平低于30%，属于缓慢发展阶段；城市化水平为30%~70%，属于加速发展阶段；城市化水平超过70%，属于稳定发展阶段。1949~2010年，我国城镇人口由5765万增至66978万，50年间增加了约10倍；城镇化率由10.64%升至49.95%，几乎是每年增长一个百分点。

由图1可看出，我国城镇化大致分为三个阶段：

建国后至1960年，我国城镇化率增长速度较快；

1960~1978年，我国城镇化水平呈下降趋势；

1979年改革开放后，我国城镇化率持续平稳快速的发展。

目前，我国城镇化正处于加速发展阶段，预计到2020年城镇化水平将达到60%。城镇化水平从30%上升到60%，英国用了180年，美国用了90年，日本用了60年，我国大约用了30年时间，比其他发达国家所用时间要短了许多。

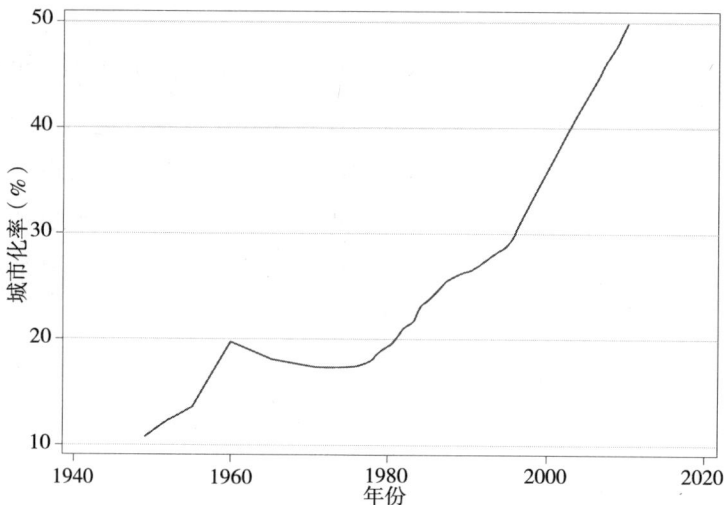

图1 我国历年的城市化率（1949~2010年）

资料来源：《中国统计年鉴》2011年，国家统计局。

其次，从行政区域看，我国城镇化程度差异大。1949年我国城市总数只有132个，2010年达到657个，大约每10年增长1倍。在此，我们随机选取东西部各5个省份进行对比，得出以下结果：

一是东部5省的城市总数176个，西部5省只有53个城市，约为东部城市总数的1/3；

二是东部副省级城市有6个，西部五省没有；

三是东部5省的县级市累计有115个，西部5省只有27个，约为东部县级市总数的1/4，如表1所示。

表1　　　我国东、西部5省拥有的城市个数比较（按行政区域）　　　单位：个

地　区	城市总数	其中：副省级市	地级市	县级市
东部5省	176	6	55	115
其中：河北	33	0	11	22
江苏	39	1	12	26
浙江	33	2	9	22
福建	23	1	8	14
山东	48	2	15	31
西部5省	53	0	26	27
其中：贵州	13	0	4	9
云南	19	0	8	11
西藏	2	0	1	1
甘肃	16	0	12	4
青海	3	0	1	2

资料来源：《中国城市统计年鉴》2011年，国家统计局。

可见，由于城镇化程度不同，东西部地区的城市发展水平差异也较大，处于工业化发展的不同阶段。

第三，从规模城市看，我国大城市发展快于中小城市。1949年，我国大城市（人口200万以上）只有3个，小城市（人口50万以下）达到116个，约为大城市数量的40倍。到1978年，我国大城市增至10个，小城市有129个，约为大城市数量的13倍；到2008年，我国大城市总数达到41个，小城市高达415个，约为大城市数量的10倍；到2010年，我国大城市总数升至44个，如表2所示。我国城市规模化的变化，与政府推动是分不开的，尤其各地热衷"国际大都市"规划，也在很大程度上加快了我国的城镇化发展水平。

表2　　　都市规模变化（2010年数据　不包含县级市）　　　单位：个

城镇规模	1949年	1978年	2008年	2010年
200万以上	3	10	41	44
100万~200万	7	19	81	81
50万~100万	6	35	118	109
20万~50万	32	80	151	49
20万以下	84	49	264	4
合计	132	193	655	287

资料来源：《中国城市统计年鉴》2011年及《中国统计年鉴》2011年，国家统计局。

我国城镇化发展面临的难题

城市化发展对有效转移农村剩余劳动力、优化配置资源具有深远意义，既为我国工业化发展提供了强大支撑，又成为我国经济持续快速增长的动力。但长期以来，我国城市化发展粗放，尤其是城市化带有较强行政力量快速地推进，使得城市化在释放巨大发展能量的同时，也带来了一系列问题。

一是土地浪费严重。目前，我国城市人均建设用地达到130多平方米，远高于发达国家和发展中国家的人均水平。1990~2004年，全国城镇建设用地由1.3万平方公里增至近3.4万平方公里，城市用地规模弹性系数（城市用地增长率/城市人口增长率）高达2.28，远高于1.12的合理水平，表明土地浪费现象严重，与我国人均土地面积较少的国情不相适应。

二是城乡收入差距扩大。城镇化的根本目的，在于消除城乡二元结构，但我国的城乡收入差距并没有随城市化率提高而缩小，加之社会保障制度不完善，反而有扩大趋势，如图2所示。据统计，1978~2010年，我国城乡收入比例由2.57:1扩大至3.23:1，城乡绝对收入差距则由209.8元增至13190.4元，有相当部分农村的生产、生活条件并未得到根本性的改善。

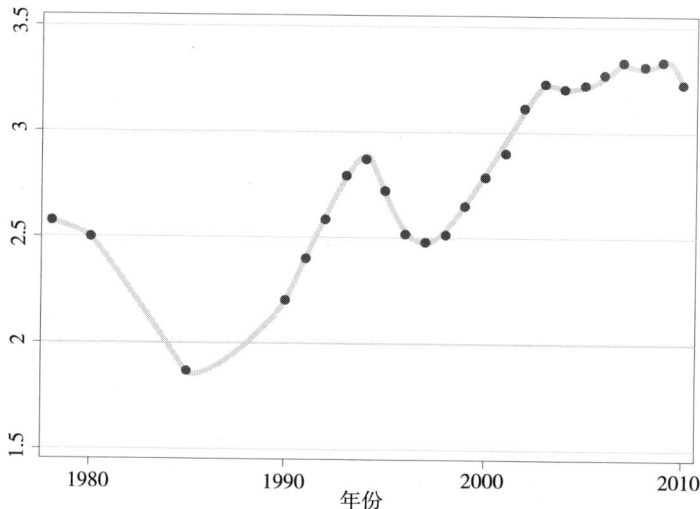

图2 我国城乡收入差距的变化（城镇居民人均可支配收入农民人均纯收入）

资料来源：《中国统计年鉴》2011年，国家统计局。

三是"城市二元结构"①问题凸显。改革开放至今，我国的城市二元结构矛盾开始凸显。据第六次全国人口普查显示：我国居住地与户口登记地所在的乡镇街道不一致，且离开户口登记地半年以上的人口总数达到26139万，其中的很大一部分是生活在城镇，但没有城镇户口，也享受不到城镇居民待遇的外来农民工。他们虽然为城市创造了价值，但生存状况与城市居民截然不同。有人统计，一个城市人一生所享受的社保支出，要比农村人高出大约30万元。

四是"城市病"日益严重。我国的人均土地、水资源等占有量，远低于世界平均水平。随着城镇化进程加快，我国人口规模日益集中，许多城市不同程度地患上了环境污染、贫困失业、住房紧张、健康危害、安全弱化等"城市病"。尤其是城市交通拥挤、车辆过多等现象，带来空气污染、酸雨过多等"温室效应"，侵害了植物生长、人类健康，迫使我国投入大量资金用于治理环境污染，但收效甚微，浪费了大量资源。

五是房价高的巨大包袱。城市化的副产品——高房价，导致工薪阶层买不起房，大学生"蚁族"群体越来越大，成为继"农民、农民工、城市下岗工人"之后的第四大弱势群体，影响了社会稳定，也不利于人才使用和优化配置。据统计，2003年北京商品房平均价格4737元/m²，到2010年已涨至17782元/m²，8年涨了4倍；而在岗工人年均工资仅从25312元增到65682元，涨幅不足3倍，如表3所示。在我国部分大中城市，如要购买一套90平方米房子，2003年按在岗工人平均工资算，需要用15年时间，到2010年需要用20年时间，高于世界平均水平的3~5倍，房价过高已是不争的事实。

表3　　　　　　　　　我国部分大中型城市的房价变化

城市名称	2003年			2008年			2010年		
	在岗工人平均工资（元）	商品房平均价格（元/m²）	购买90m²所需时间（年）	在岗工人平均工资（元）	商品房平均价格（元/m²）	购买90m²所需时间（年）	在岗工人平均工资（元）	商品房平均价格（元/m²）	购买90m²所需时间（年）
北京	25312	4737	16	56328	11553	18.4	65682	17782	24.3
天津	18648	2518	12	41394	5811	12.6	52963	8230	13.9

① 城市二元结构是指市中以存在身份差别为基础，造成不同部门、不同产业工人收入差距过大问题。

续表

城市名称	2003年			2008年			2010年		
	在岗工人平均工资（元）	商品房平均价格（元/m²）	购买90m²所需时间（年）	在岗工人平均工资（元）	商品房平均价格（元/m²）	购买90m²所需时间（年）	在岗工人平均工资（元）	商品房平均价格（元/m²）	购买90m²所需时间（年）
上海	27304	5118	16.8	56565	8361	13.3	71875	14464	18.1
重庆	12439	1596	11.5	26985	4281	14.2	35367	4281	10.8
哈尔滨	12451	2353	17	25526	3053	10.7	32411	5333	14.8
南京	22190	3148	12.7	39878	5304	11.9	48781	9565	17.6
杭州	24666	3939	14.3	40193	7617	17	48771	14132	26
福州	15052	2347	14	27521	5179	16.9	34804	8414	21.7
厦门	19023	3371	15.9	32344	8250	22.9	40282	8883	19.8
深圳	31052	6256	18	43731	14050	28	50455	19170	34.1

资料来源：《中国统计年鉴》2004年、2009年、2011年，国家统计局，部分数据经整理计算。

六是高失业与"用工荒"并存。我国城镇化不全是工业化的结果，大量被征土地用来搞"造楼工程"，拉动经济发展。高房价使企业成本上升，中小企业无力购地办厂，加上员工薪资、生产要素价格上涨而濒临破产倒闭。近年来，我国持续出现的"用工荒"现象，主要是进城务工农民缺少技术，只能靠出卖劳动力，但随着物价和房价上涨，进城打工不再是最优选择；而大学生对薪资期望值过高，不愿承担辛苦工种，带来了高失业率和企业"用工荒"的并存情况。

此外，按照发达国家经验，城市化率达到50%以后，人口迁徙将主要在大小城市间流动。城市涌进了大批外来人员，甚至超过某些城市的常住人口比例。外来人员收入较低，生活不稳定，加之户籍管理滞后，父母疏于管教和仇富心理等作祟，导致违法犯罪案例时有发生。据司法部门统计，2008~2010年，广州市法院受理的涉案被告人数为55499人，其中，外来人员占被告总数的78.23%。

推进我国城镇化发展的建议

我国城镇化正处于加速发展阶段，要认真总结和吸取发达国家的"逆城市化"①现象，加快建立以大城市为核心，以中小城市为骨干，以县域中心城市和小城镇为基础，建立大、中、小城市等级较为完整、层级较为清晰、类别较为齐全并有利于城乡互动、整体优化、集约发展的城镇化体系。

一是统筹城乡发展，加快城镇化进程。当前，应加大对农业科技及农村基础设施的资金投入，促进农业现代化和规模化经营，促进农民增产增收。要提高农村土地征用补偿标准，加大力度保障失地农民，通过改革农村土地使用权，使失地农民能够取得永久性的收入，分享到城镇化成果。要统筹城乡发展，进一步完善覆盖农村的医疗、卫生、教育等社会福利保障措施，确实解决农村发展慢、农民增收难等问题，促进农村现代化和城镇化的和谐发展。

二是完善调控政策，促进房价合理回归。解决房价过高问题，除了加大保障房建设，不断完善公租房和廉价房申请和退出机制外，还要建立健全抑制房价过快增长的法律措施。可以借鉴法国政府颁布的"可抗辩居住权"，明确规定低收入者、无家可归者应由政府补贴的社会住房制度，强化地方政府执行力度，为外来人口在城镇稳定就业创造有利条件。房子是一种特殊商品，不能完全市场化，应加大对投机炒房行为的打击力度，并根据实际情况，对拥有多套住房者实行累进税制度，谁拥有房子越多，缴税就应越多。

三是完善城镇化体系，合理发展大城市。减少"城市病"的发生，要合理控制大城市规模，做到资源下沉，通过深化改革财税、土地政策，加强公共基础设施建设，切实改善城镇的要素集聚条件，促进中小城镇有序发展。要促进土地集约经营，做大做强优势产业，通过分工协作，促进大中小城市共同发展，以此增强小城镇持续发展的基本条件，并为中心城市、区域性城市发展奠定坚实基础。

四是改革户籍制度，保护外来人员合法权益。有效预防和解决城市外来人员犯罪问题，要以推动基本公共服务均等化为契机，建立健全外来

---

① 一些大城市的人口迁移到更远的农村或者是小城镇。

人员登记和管理制度，持续化解外来人员城市犯罪隐蔽化问题。要改革户籍制度，逐步放宽农业转移人口的城镇落户条件，促进流动人口相对定居化，尽量把有固定居住场所和稳定劳动关系的外来务工人员及其家属转为城镇居民。要强化合法权益保障机制，加强外来人员的法律教育和心理开导，增加他们对城市的归属感，真正实现"城镇化"和农民工"市民化"的有机结合，减少外来务工人员的刑事犯罪问题。

五是以工业化促进城镇化，支持中小企业发展。城镇化有序发展，城镇化率持续上升，可以创造新的工作岗位。应以工业化带动城市化策略，促进工业向城市集聚，不断拓展城市发展空间，促进城乡统筹发展与一体化进程。中小企业是解决就业的主渠道，也是新增劳动力的主要吸纳者，目前承担着我国大约80%的就业任务，对维护社会稳定、促进工业协调发展、优化企业组织结构等具有重要作用。因此，要加大结构性减税力度，拓宽中小企业融资渠道，鼓励中小企业技术创新，为中小企业发展创造良好的制度环境。

总之，城镇化发展是个历史的过程，是伴随着工业化自然发生的，不应该带有主观的、强行的行政色彩推进结果。过度追求城镇化率，不仅会带来一系列经济、社会问题，而且将阻碍我国工业化发展及城镇化进程。因此，城镇化路径的选择，应扬弃贫困的城市化，坚持走环保、绿色、低碳的发展路子，追求城乡融合发展，人与环境和谐相处，这是我们对子孙后代的交代，对社会的承诺和对环境友好型发展的责任。

童大焕

中国城市化的歧路与正途

资深时评人，城市化、房地产和宏观经济研究前沿专家，荣获2006、2008年度"百位华人公共知识分子"之一，2011年度《南方周末》"中国传媒年度致敬作者"。

中国城市化的两大陷阱

"城市病"是人之病。2012年2月9日，社科文献出版社和上海社科院城市与区域研究中心发布的首部国际城市蓝皮书《国际城市发展报告2012》指出，中国大型城市正步入"城市病"的集中爆发期。

《蓝皮书》指出，到2011年末，我国城镇人口占总人口比重达到了51.27%，首次超过50%。从统计学意义上来看，中国已成为一个城市化的国家。预计到2020年，中国城市化率将达到55%。这期间，1.5亿中国人将完成从农民到市民的身份转换。从我国地方发展情况来看，各大城市发展阶段参差不齐，但都在步入郊区化、大都市化的关键阶段。在此阶段，城市人口快速膨胀，由于人口和城市布局缺乏预见性规划，城市基础设施承载力严重不足，带来了交通拥堵、环境污染、秩序紊乱、运营低效、行政区划分割等一系列问题，这些因素都制约着城市的持续发展。未来一段时期将是我国各大城市"城市病"集中爆发期，"城市病"将成为影响城市和谐稳定的隐患。由此，加强城市治理刻不容缓。

是什么原因导致中国大城市的"城市病"集中爆发？有一种观点认为，是大城市人口发展过快导致，所以大城市应该不遗余力地限制人口增长。我们过去持的就是这么一种观点。

在城市化进程中，我们过去的制度是极其落后的，主流观点和相关政策认为，大城市资源有限，必须限制人口增长，甚至对人口增长幅度定出控制性指标，导致城市交通、医疗、教育等基础设施建设严重滞后于人口增长，导致"城市病"集中爆发。然而此后，这种观念和制度丝毫不检讨自身的过失，反而一味将"城市病"的原因归结为人口增长过快，导致恶性循环。

以北京为例。北京市"十五"和"十一五"规划都在试图严格控制新移民。《北京市"十一五"时期水资源保护及利用规划》就"根据水资源承载能力分析"，确立"每年净增人口不宜突破20万人"的行政目标，"十五"规划也是每年人口净增长不超过20万人。但是这两个五年规划过去，北京市常住人口从不到1400万人，到2010年底2200万人，人口净增加了800万人，平均每年净增80万人。

按年增20万人的控制标准来进行基础设施建设，却要承载年增80万的实际人口，"城市病"不爆发才是咄咄怪事！

大城市人口控制是个不可能完成的任务，"城市资源承载力"也是个伪命题。然而，时至今日，我们仍然在控制大城市人口和盲目过度发展中小城镇的道路上气宇轩昂地阔步向前，不是因为我们有多少"临城市病而不乱"的勇气，而是因为我们无知无畏。

正是在落后、无知的观念指导下，今天的中国城市化正面临着两个巨大的陷阱：一是违背规律过度发展中小城市和限制大城市；二是只见物不见人，城市化进程中不保障人的权利和自由，导致社会底层的上升成本大大提高。

中国的城市化，不能只看到现行体系的统计数据。2011年末，城市化率达到51.27%的数据，是包含6个月以上的"常住人口"，如按户籍人口统计、扣除候鸟般在城市没有根的农民工，实际城市化率不到35%。2.2亿左右的常住人口根本没有融入城市生活，没有公平享受教育、医疗、就业等福利。中国的城市化率实际不到35%，暴露出的问题就已经如此严峻。所以中国的城市化，应该回到尊重规律、尊重人权、保护生态的正确道路上来。

中国城市化的第一大陷阱，是违背规律，过度控制大城市化，同时又在中小城市进行着城市化"大跃进"。

当代中国城市化的最大特点，是一直在鼓励发展中小城市，俗称小城镇化发展战略，却在限制大城市的发展。这是一条从根本上违背城市发展规律的做法，却被坚持了长达十多年之久，至今不见改弦更张的趋势。

我们在城市化的战略指导思想上出了问题，对于规律的研究和准备不足，对于有着强烈自发需求的大城市化过于谨慎甚至害怕，导致各地纷纷出现"反城市化的城市化"——最该城市化的大城市及其周边土地和基础设施供应不足，人口准入的门槛奇高，甚至没有公平透明的准入标准，比获得外国国籍还难；不该城市化或者说市场本身没有城市化需求的偏远地区却搞城市化"大跃进"，土地和房屋大量供应。可以想象，在各地方政府拔苗助长式的城市化"大跃进"中，我们正在为未来埋下极大的风险，这个风险将表现为土地和房屋资源的极大浪费，以及生态环境的破坏。

中国城市化的第二大陷阱，是见物不见人，在控制大城市过程中严重漠视甚至公然侵害公民权利，使城市和乡村之间失去正常的连接纽带，使儿童权利受到严重侵害，使社会底层和中上层之间良性渗透失去足够的弹性空间。

表现之一是城市尤其是大城市户籍管制和儿童权利保护落后，儿童不能在流入地平等地上学和高考，导致了问题严峻的留守儿童和流动儿童问题，他们的教育和生活权利处于贫困阶段，为未来社会埋下严重隐患。全国妇联2005年1%人口抽样数据显示，当年全国14岁以下的留守儿童已高达5800万。在全部农村儿童中，留守儿童比例达到28.29%。

表现之二是严重漠视新生代移民的居住权利，越是流入人口多的大中城市，越是攻城掠地，斩草除根似地拔除城中村，使城市的新移民失去落脚点，既阻碍着底层人口的正常上升，更有可能因此阻碍流动人口的子女和父母在一起生活的法定权利实现，加剧代际贫困的世袭与传承，为社会制造不平等和动荡的苗头。

在城市管理者看来，解决城市贫民窟或者城中村的最直接手段就是"铲除"。这种手段非常愚蠢。在城市化过程中，我们始终第一要考虑的是人，不是把城中村和贫民窟铲除了，贫民就不存在了。他们只能被迫住到更远的偏远地方去，就业、就医和孩子就学更难，治安和区域社会心理状态和群体示范效应更差。因此，解决贫民窟和城中村最为人道和人性的办法，不是铲平那里，然后在那里建造一些公寓，仅仅改善空间意义上的居住条件，而是要切实以新移民为本位，改善他们这个群体的社会文化环境。尤其要改善这个地区的交通、医疗和教育环境，并以此提升区域社会文化环境。因为只有那样，贫民窟里面的那些人才能够在这样一个区域居住、生活、受教育，更重要的是得到工作和受教育的机会，也就是生存和提升发展的机会。

人类是一个整体，任何人或群体都不可能独自生存。城市因鱼龙混杂而具有活力。通过城中村这样一个城乡紧密联结的纽带，一个中间过渡地带，城市新移民、低收入群体和社会各阶层之间彼此混杂、亲密有间，很大程度上降低了新移民的就业和发展成本，也降低了市民的生活成本。城中村恰恰是城市的福利。以较低成本容纳大量商业服务业的流动或临时摊贩，是城市经济和人文社会意义上的"肺"。他们向周边提供较廉价、方便、齐全的生活服务，为大量城市流动人口提供栖息、就业之地，为老居民带来出租房屋等财富空间。对于城中村周边居民来说，它有一股强大的后拉力，为城市生活提供源源不断的商业支撑，帮助城市走出高能耗、低效率的发展误区。对于居住在城中村的人来说，周边富庶地区又对他们的发展形成了巨大的、向上的拉力，有助于他们较快地通过自己的努力摆脱贫困。

"大城市人口承载力"是个伪命题

在城市化问题上，我们对大城市化的恐惧也一直派生出许多荒谬的理论。最典型的就是所谓"城市人口承载力"的研究。由于研究者先入为主和缺乏独立的立场，加上自身知识与视野的局限，总是有意无意地低估了技术、制度创新和管理手段进步对城市人口容纳力、国家人口承载力的动态影响，更忽视了市场机制本身对人口流动、人口增长的重大调节作用。因此，这些研究对特定区域人口极限容纳力的估计很快被现实发展所突破。

北京从20世纪80年代提出城市人口承载力的问题，到现在，北京实际人口远远超过"承载力"的标准。尽管打着承载力的旗号阻止移民、阻止户籍和高考制度的改革，小到买车买房，大到户籍和高考等限制一系列新移民权利，但人们还是源源不断地涌进来，而且这些人在北京活得更好了，而不是更差了，原有北京户口的人同样也生活得更好了。

"城市人口承载力"的相关理论研究和决策，应当被视为当代中国城市化过程中最大的理论和决策失误。"城市人口承载力极限"的理论和决策，一再被现实的人口增长所突破，城市本身的"容量"仍在不断增加，这个简单事实本身说明这个理论和决策已不断被现实所证伪，从本质上成为彻头彻尾的伪科学。

我们都知道，人类生存发展所需的大部分资源，都可以随着人口的流动而流动。尽管这些年，主张控制大城市人口的人们找出了一个最不容易流动的资源——水资源。来为大城市控制人口理论强词夺理，但这个理由仍然是"为赋新词强说愁"，牵强附会而已。

首先，北京并不是一座天生缺水的城市。新中国成立之初，北京最头疼的不是缺水，而是洪水威胁。因此治理思路一开始就偏重工程治理办法，忽视恢复生态环境、利用森林植被保持水土。结果是大建水库，增加了中上游的蒸发量。对于整个流域来说，水资源就减少了。还有河道扯直和硬化，不仅使河水一泻千里，而且蒸发量也加大，还破坏了流域生态和水质。通过恢复流域生态，有效水资源乃至整个区域的生态环境是完全有好转可能的。

其次，是城市人口对水资源的数量要求很低，北京现有水资源利用效率也极低。北京2010年城市总用水量是34.5亿立方米。工业用水高峰时是10亿立方米，现在是5亿立方米，工业用水节约了一半。农业用水从高峰时30.8亿立方米减少到12亿立方米。虽然农业用水绝对量下降了很多，但仍占全市总用水量的34.8%，但是它所创造的产值，不到全市GDP的2.4%。如果水价大幅上涨，按照比较成本计算的农业生产对北京市GDP的贡献将是负的。因此，减少农民，减少农业，将对北京的水资源构成极大利好。2011年2月，北京市农委相关负责人透露，预计在几年时间或者更长时间，北京市现有的近270万农民当中，上百万农民将变成正式的城里人，享受城镇均等化的公共服务和福利。

百万农民成为市民，如果他们全部脱离农业，或者退耕还林，农民不再以农业为生而以林业为生，每年将直接节约出4.44亿立方米水资源。这是个什么概念？北京生活用水10年前是13亿立方米，现在是14.7亿立方米，这10年间城市人口净增800万。也就是说，增加800万人每年才增加生活用水1.7亿立方米，人均58升/日，包括了桑拿、娱乐、酒店、餐饮、学校、医院等人均分摊，甚至有可能包括了新增绿地等的分摊。如果按照这个比例，仅节约出来的水资源，就可以使北京再容纳2091万城市人口。如果农业用地林业化以后，还会为北京涵养、"生产"出更多更好的水资源。

思路决定出路。经这么一算账，也许人们应该换换脑筋，彻底放下"大城市恐惧症"的顾虑了。北京市"十五"期间，人均综合用水量由同期330立方米下降到245立方米，但是人们的生活质量却更高了。这是因为随着生活水平和城市中水利用率的提高，人均用水量会相应降低。比如城市绿化、抽水马桶等卫生设施全部采用中水等节水措施。因此，"水资源承载力局限"之类的命题，也许也是我们人类自我预设的一个画地为牢的思维陷阱。

最后，说"北京承载力过高"是指主城区过高还是整个北京市？主城区存在人口过密的问题，可是对1.68万平方公里的北京行政管辖区而言，北京人口密度与世界上很多同等类型的城市相比并不高。

人类生活水平的提高，很大程度上依赖于人口的增长和人口的聚集。过去200年间，人口的爆炸带来了科技的爆炸和人类生活水平的巨大提高。诚如易富贤博士所言，过去人类大多数的战争是为了争夺现有资源，但今后人类生活水平的提高主要依赖新的资源的开发，而不是竞争现有资源。而人力资源已经成为科技进步最重要的必要条件。如果按照"城市人口承载力极限"的理论，中国的香港、美国的拉斯维加斯这两座城市，乃至于日本和以色列这两个资源严重匮乏的国家，根本就不适合人类生存。但全世界的人们都知道，这两座城市和这两个国家，却无一例外是今天世界上最发达的地区之一。

物质不灭，能量守衡，世界上的资源永远不会枯竭，关键是怎么样才能合理有效地循环利用，而技术创新、制度创新和管理手段进步可以大幅度提高城市人口承载力。

区域均衡发展从来都是乌托邦

在城市化问题上，还有一个深入人心但害人不浅的说法，就是区域均衡发展。

不少人坚持认为，大城市人口规划屡屡被突破，是因为其多重功能中心定位集于一身，借助国家赋予的特殊政策和资源的倾斜投入，使自己变成一块巨大的磁铁，将全国的人才、资源源源不断地吸引过来。因此，从全国来说，必须调整非均衡发展战略，向全面均衡发展战略转移。

持这种观点的人，不知道"集聚经济学"为何物。"城市的空气使人自由"。100多年前，恩格斯说过，250万人集中于伦敦，使每个人的力量增加了100倍。假设中小城市10个人应聘1个职位，大城市100个人应聘10个职位，比例都是10∶1，但是对于个人和企业，机会都增加了10倍。而且，由于人数增加，城市又派生出许多专门为这些人服务的行业和机构。这就是集聚经济学的最佳写照。

不少人想当然地认为，在我们这个政府可以调配巨大资源的国度，北上广深等大都市的发展都是国家政策倾斜的结果。但如果我们放眼世界，就会发现那些政府权力小得多的国家和地区，人口的聚焦效应和集中度比我们国家更加明显。比如日本只有1.2亿人口，东京至少聚焦了3500万；美国的人口和财富也高度集中于大都市，美国约18%的产出来自三大都市区，而英国大伦敦地区的生产率比英国其他地区高出50%以上。古今中外，世界上没有任何一个国家和地区是可以做到地区性的均衡发展，唯一能做的是"人的均衡发展"，而人的均衡，也只是人的权利方面的自由与均衡发展，比如平等地受教育和社保权利以及自由迁徙和自由选举的权利。

从人均占有资源的角度来看，世界上几乎没有一个国家和地区，没有任何一座城市是靠自己的资源优势和平均占有资源多而成功的。在发展经济学中，很多学者都注意到一些资源丰裕的国家却往往发展停滞。于是有一个名词被大家记住了，叫"资源的诅咒"，这通常指一些矿业资源丰富的国家和地区，比如有丰富的石油或煤矿，却非常落后，经济水平低，而且政治腐败。

人口学专家易富贤认为，"从世界范围看，在自然条件差不多的地区，人口越稠密地区经济越发达，这就是规模效应"。

我们现在不少偏远落后地区，人均占有资源甚至有可能比城市居民多，但是他们的收入和生活水平却绝对更低。一条道路，城市也许10万人天天在用，农村也许只有几百人次；一条昂贵的光缆和电线，城市同时服务上千上万人，农村可能只有几个用户；而人均占用土地面积之比，按建成区面积计算，我国200万人以上的大城市、20万人口以下的小城市、建制镇三者人均占地的比例是1：2：3.1。这还不算农村居民砍伐、开荒耕种等活动面积。"均衡发展"的结果，可能是生态环境破坏得更厉害，而发展效率更低。

2010年是中国实施西部大开发战略10周年。官方数据显示，10年来，西部12省市区先后建设了120个重点工程，总投资约2.2万亿元人民币。虽然在官方政策倾斜和大力投入下，西部地区与东部地区的经济相对增长速度差距在缩小，但绝对差距仍在扩大。国家发改委副主任杜鹰称，2000年西部和东部的人均GDP相差7000元，10年后这一差距拉大到了21000元。

完全同样的一笔钱，投入到大城市、中小城市和乡村，效用之比可能是5：3：1甚至更高。这就是城市的魅力：人均占用和破坏的资源大大减少，效率和自由度大大提高。那么，城市的效率和富裕来自哪里？就来自四个字：集聚、自由。是人的集聚和人的自由。人的集聚带来财富的集聚，人的自由带来智慧和财富核聚变一般的能量递增和文明创造。

控制中国城市化的神秘左右手

左手：自然地理线——不可逾越的胡焕庸线

1935年，胡焕庸提出黑河（瑷珲）—腾冲线，即胡焕庸线，首次揭示了中国人口分布规律。自黑龙江瑷珲至云南腾冲画一条直线（约为45°线），东南半壁36%的土地供养了全国96%的人口；西北半壁64%的土地仅供养4%的人口。二者平均人口密度比为42.6：1。

在工业文明的今天，胡焕庸线所揭示的人口分布规律依然没有被打破。

1982年和1990年我国进行的第三、第四次人口普查数据表明，自1935年以来，我国人口分布的基本格局基本不变。以东南部地区为例，1982年面积占比42.9%，人口占比94.4%，1990年人口占比为94.2%，经历了55年时间，东西部人口比例变化不大。我国东西部所占全国人口之百分比也仅有1.8%的增减变化。并且，我国人口的60%集中在距海500千米的东部地区。

2000年第五次人口普查发现，东南、西北两部分的人口比例还是94.2%：5.8%。与当年的数据相比虽然相差不大，但是线东南的人口数量已非4亿多，而变成12亿多。中科院国情小组根据2000年资料统计分析，胡焕庸线东南侧以占全国43.18%的国土面积，集聚了全国93.77%的人口和95.70%的GDP，压倒性地显示出高密度的经济、社会功能。胡焕庸线西北侧地广人稀，受生态胁迫，其发展经济、集聚人口的功能较弱，总体以生态恢复和保护为主体功能。

2011年国家统计局发布了《2010年第六次全国人口普查主要数据公报》，普查数据显示，中国人口的地理分布正在发生深刻变化，出现了东部和西部省份高增长、中部省份"空心化"的趋势。

过去10年间，中国人口总量还是呈增长态势。同2000年第五次全国人口普查的1265825048人相比，10年共增加73899804人，增长5.84%，年平均增长率为0.57%。但人口变化的地区差异非常大。东部沿海发达省市，常住人口急速增长，西部的少数民族聚居地区，人口也有较快增长。但与此同时，中西部大部分省市区人口增长减缓，其中六个省份常住人口出现负增长，相连成片。如此规模的省域人口负增长，是城市化的枷锁被市场经济解除以后，中国人口和财富流动呈现出的新现象。

东部发达地区和西部少数民族聚居地区，人口增加幅度都比较大，但原因完全不同。北京、上海和天津的人口增长，绝大部分是因外来人口大量迁入。在上海，迁入人口占该市人口增加的97%，自然增长只占人口增加量的3%。广东和浙江的增长虽有自然增加的部分，但大头还是外来人口迁入，分别占总增长的62%和72%。

与之相反，西部少数民族聚居的西藏、新疆和宁夏，人口增加主要动力是自然增长。这些地区生育率相对较高，虽有外来人口迁入，但只占总增长的一小部分。海南省虽属沿海地区，但其人口增长主要是自然增长，生育率较高，与西部少数民族聚居地区类似。

人口负增长的六个省（市），都有数量巨大的人口迁出。重庆和湖北10年间净迁出的人口是自然增加数的3倍。四川10年间净流出546万人。如果贵州、安徽和甘肃不是出生率相对较高，其人口下降的速度和幅度无疑更大。甘肃、安徽、贵州、四川、湖北、重庆等六个省（市）人口呈现负增长。人口外流是导致中部人口"空心化"的主要原因。

对于近年来出现所谓"逃离北上广"的说法，此次普查数据亦可见，"北上广（广义上，可指广东）"恰是过去10年人口增长最快的地区。所谓"逃离"更大程度上只是人们的牢骚。

社会经济发展有一个很多人没有说出来或者没有想得仔细深入的普遍规律：人都是往钱价高（钱的利息或者钱的投资产出高）、人价高（工资、福利、待遇高）、物价房价高的领域和地区流动，即"人往高处走，水往低处流"。人们一边在抱怨大城市房价高，一边忙不迭地涌往大城市，即是如此。而人越往这些地区流动，越助长这些地区的房价、人价、钱价；相反，人口流出地区的人口和财富却大量流失，使得区域间落差越来越大；落差越大，"人往高处流"的流动速度也越快。随着人口外流加速加剧和低生育率持续，中西部地区人口将继续向东部扩散，中部人口"空心化"会日益加剧。

沧海桑田、物换星移，其间种种自然和人为的人口迁徙并没有撼动胡焕庸线确定的人口分布格局。我国农村人口占全国的73.11%，非农业人口百万以上的特大城市共30个，除兰州和乌鲁木齐在西部外，其余28个都在东部地区。我国台湾省的台北和高雄，港澳地区的香港人口也在百万以上。

我们也可以说，胡焕庸线是中国农牧业为主的乡村文明和工商业为主的城市文明的主要分水岭。两种文明的最大区别，就是维持农牧业基本生存和发展所需要的人均可使用土地面积和其他资源，大大高于工商业文明的人均土地和资源占有。在当代社会的城市文明中，越来越多的宅男宅女"宅"在小小的蜗居中就可以为社会创造财富、为个人创造幸福生活，这在乡村文明里，几乎是完全不可想象的事。

通常，社会的发达程度、环境保护的程度是由人口密度优势和规模优势决定的，而不是传统观念所认为的人均占有资源决定社会发展和富裕程度。

有人计算了一下，中国目前适宜生存的好地方只有国土总面积的1/3。新中国成立半个多世纪以来，荒漠化及严重水土流失地区的面积各增加了约1.5倍，中国等于丢失了大约350万平方公里土地。而中科院《1999年中国可持续发展战略报告》显示，中国人每年搬动的土石方量是世界人均值的1.4倍。中国的人类活动具有明显的破坏性，高出世界平均水平3~3.5倍。国家环保总局副局长潘岳曾指出，新中国成立以来，我们的人口从6亿增长到了13亿，多了一倍，而可居住土地由于水土流失从600多万平方公里减少到300多万平方公里，少了一半。

中国版图的地势是西高东低，大江大河都是呈由西向东走向。对任何一条大江大河来说，只有上游地区成为生态屏障，整个流域的生态安全才有保障。反之，上游地区人口密度过大，人类开发活动过于频繁，生态遭到破坏，其危害不仅反映在本地区，还将通过"下游效应"影响到中下游和整个流域。

右手：人文社会线——神秘的百万人口线

当代中国的城市化有一个迥异于世界各国的特殊经验：它不是从小城镇起步，而是直接由大城市引领，大城市化才是它的主要特征。

法国社会学家托克维尔说美国的民主始于乡村。他是对的，因为乡村自治传统是美国基层社会自由、平等、富裕、幸福的根基，甚至连乡镇警察都是镇里自雇的。我们却没有这样的传统，而是公共权力一竿子插到底，而且权力是自上而下的，一夫当关万夫莫开，直到村一级。越到基层，越到人口稀少的地方，资源的有限性越厉害，社会资源的单极控制和垄断特征也越明显，各种无处不在的关系网和拉帮结派的"窝里斗"内耗也越显威力。

这种情况，只有在人口100万以上的城市才略见改观。城市越大，内耗越小，个人的自由度就越大，城市的集聚效应也越大。虽然超大城市的交通不便抵消了其中的一部分效益，但是，比较而言，由此造成的时间、精力、才智与心力损耗，比起人与人之间过于复杂的人际关系损耗，比起权力单极控制下的徘徊与无望，几乎可以忽略不计！这就是大城市最大的魅力所大。中国有句古话：大隐隐于市。

大城市是一个极其包容、自由的地方，可进可退，可攻可守，什么性格的人都能找到自己的生活圈子。

中国社会的大城市化跟城市发展效率高、乡村自然资源短缺、城乡发展不均衡、乡村环境污染和破坏、人口稀少地区内耗型的制度等息息相关。加上过去半个多世纪城市化被人为延缓导致的"补课效应"，中国的大城市化会来得特别迅猛。而中国城乡差距实质高达5、6倍甚至更高，中小城市以下资源垄断严重、产业分工不足、人际关系内耗重重等因素，都使大城市化、城市群化变得更加顺理成章。

根据《中国城市统计年鉴》所提供的数据，1996~2007年是中国城市化突飞猛进的时期，中型城市人口密度实际却在降低。这还是在鼓励中小城市、限制大城市发展的政策下取得的结果。

城市化有它自身的规律，既无法人为提速，也无法人为阻止。石家庄市全面放开户籍制度，试图短期内增加30%人口，结果只达到5%。同理，要人为阻止大量人口向大中城市迁移，事实上也是不可能的，北京、上海的例子已经说明问题。

人类应该始终怀着三重敬畏

在自然、社会历史发展规律面前，人类其实是非常渺小的。人类应该谦卑地匍匐在伟大的自然、社会历史规律脚下，而不是试图去人为改变自然和社会历史发展规律。尊重和臣服于自然、社会历史发展规律，顺应历史潮流，此为"顺天道"；尊重人性，尊重和捍卫人由不发达地区向发达地区迁移、由环境落后地区向环境较好地区、由效率低地区向效率高地区、由不自由地区向自由地区流动的权利，是为"应人道"。顺天道，应人道，才能走出"人间正道"。

人类如果违背自然规律，结果一定招致自然的惩罚。大江大河和生态脆弱的中西部和东北地区滞留过多人口，必然导致过度开发进而导致生态和环境灾难，也直接对下游大中城市的水资源、水环境保护等构成威胁。

过去我们浪费了太多的时间、精力和聪明才智，把目标定在想象中的控制城市和国家的人口规模而不是通过大城市化根本性解决环境和水资源问题，不仅使中国整体的生态环境不断恶化，而且已经导致了很大的社会问题。

人类是一个整体，中国是一个完整的家园，东部大城市关起门来，是解决不了自身的环境和资源短缺问题的。不论从古代风水还是现代科学角度，大江大河的发源地、中西部地区都是中国的后山圣地，应当以生态建设为主。保护中华民族的"龙脉"，应该是中西部、江河上游地广人稀，谨慎开发；东部，江河中下游尤其是下游，推进大城市化。

大城市（群、圈）战略才是解决人与环境矛盾的终极办法。任何"头痛医头脚痛医脚"的方式都不能解决人口、资源与环境的现实尖锐矛盾！要一揽子解决人的发展权利与环境、资源限制之间的矛盾，解决地区间贫富差距等问题，应当着眼于在中国东南部也就是江河中下游地区，大力发展大城市和城市群（圈），让中西部地区人退自然进，涵养森林和水源。

夏　斌

中国经济转型只争朝夕

国务院参事，国务院发展研究中心金融研究所所长，享受国务院特殊津贴，中国国家哲学社会科学规划评审专家。

对中国经济面临的重大问题，有两个基本判断需要重点关注。

从短期看，按目前的改革力度和调控方向，今年经济中遇到的问题，明年同样存在且风险更大。中国经济、社会中积累了大量矛盾，是危机和转型在赛跑，我们的时间不多。把问题看得严重些，有利于我们主动开展工作。如果短期无法过关，就谈不上解决长期问题。

从长期看，要解决多年积累的大量经济问题，单纯从经济角度考虑已经很难，必须从社会、经济、政治三方面统筹考虑，做出长期安排。首先要严惩腐败，让百姓满意，巩固执政基础；其次要把已经做大的"GDP蛋糕"向穷人倾斜，在稳定民心的同时提高消费率；最后要只争朝夕抓改革，这是解决各种长期问题的唯一出路。

在去年12月19日"中国经济50人论坛"会议上，就"顶层设计"问题我讲了四条原则、八大内容和三点方法。其中八大内容是：土地制度、经济结构、财税改革、城镇化战略、资源价格改革、金融改革、技术创新及国企改革问题。

现在要讨论的中国经济问题很多，大家见仁见智，不容易统一。若从方法论角度，我们应找到各种问题之间的因果关系，从而有助于提炼出纲举目张的大问题。我认为，总的原则是"问题导向"，从问题入手，而不是简单地从经济学概念、逻辑入手。

譬如，从扩大内需角度，我们可以引出中国经济长期的重大问题是要解决城镇化问题、贯彻城镇化战略。这个方向是对的。但面对现实中这么多复杂的问题，先抓哪件事？后抓哪件事？决策层怎么决策？城镇化是一个政策不断调整、执行的结果，而不是问题的原因。

城镇化，就是要让农民工能在城里先住下来，这就要进行户籍改革，要解决包括上学、看病等安全网建设中的财政资金问题。要让进城的农民工在城里住得舒服，就有水、电、气等城市基础设施投资中的资金问题。谁投？怎么投？要让农民能长期住下来，并且把老人接过来，就要有就业机会。为此就要放松各个领域的投资管制，允许大量民间创业投资，这又涉及民营资本如何进入、服务经济如何发展、国企如何退出等问题。

所以，城镇化不只是让不让农民进城的户籍改革和财政有限的资金分配问题，它涉及经济领域的各种问题，错综复杂，深挖问题背后的原因，会引出一连串问题。

总量问题和系统性风险

解决中国经济长期的重大问题，要从抓总量和系统性风险两大问题入手。

一是如何确保GDP总量长期平稳增长，这是中国经济发展所面临的最大问题。

当前中国经济增速下滑是必然的，合乎发展逻辑。但是速度下滑，问题就"水落石出"，不仅眼前日子难过，还会暴露一系列经济、社会中的重大风险。

解决这个问题的核心思路，只能是提高居民消费率。居民消费率从2000年的46.4％到2010年的33.8％，10年内降了13个百分点。即使包括政府消费在内的总体消费率也由62％降到47％，10年内降了15个百分点。而在21世纪第二个10年，恐怕不存在第一个10年那么旺的全球需求了。

中国经济要稳定增长必须靠内需，而内需中投资已不能一味地拔高，产能过剩严重，剩下的只能靠提高居民消费率入手。而要真正拉动消费，必然会触及一系列重大问题。

例如，当前国务院正在研究收入分配改革方案，这很重要，但改革后提高的消费，不可能从根本上提高居民消费率，也不可能去填补因投资与出口减少而出现的缺口。

拉动消费，就要抓社会安全网络建设，包括医疗、教育、养老，以解决预防性储蓄问题，这就会涉及扩大财政支出问题。如果财政转移支出多了，政府投资少了，稳投资又涉及扩大民间投资及国退民进的问题。

扩大中国居民消费的重头戏，一定要千方百计地提高农民的消费，这可能是今后中国消费增长中最快、最大的一块。怎么提高？最有效的途径是释放农民手中的土地"能量"，这就要涉及宅基地的安排、土地的流转制度、小城镇土地规划等问题。

居民的财产收入，是中等收入国家提高居民消费的一大途径。如何提高？总不能长期靠炒房地产，要靠民间创业和投资。如果房地产市场整顿到位，地方政府土地收入减少，中央与地方财税如何重新安排？届时若国家财力问题凸现，要不要变卖一部分国有资产？投资需求中地方政府投资捉襟见肘，不是对民间投资"情不情愿"放开的问题，而是如何鼓励。

如果采取以上措施，还不能解决居民宏观平衡中居民收入与消费增长的问题，那么长期负利率就是不合适的。利率要市场化，金融改革要配合，银行利润要减少等，这会迫使其他方面的改革速度要加快。

不难看出，如果我们想从根上解决消费问题，必然会涉及大量重要问题和制度改革，几乎可以统领我们解决总量增长所遇到的各种长期问题。

二是抓住系统性风险问题的解决。

美国学者努里埃尔.鲁比尼曾预测，2013年中国经济要出事；国外某机构又预测，2016年中国整个银行体系要崩溃。我们可以不信，但应该把这些预测当苦口良药，起到警示作用。

从风险传导机制入手，我们很容易理解一系列经济问题的逻辑关系。中国经济增速放缓是必然的，坚持房地产市场的调控方向也是必须的。打击投机炒房，就会导致房市交易量和交易价格的下降；从实体经济讲，量价下跌，必然会引起其他行业投资、工业利润、税收下跌；从资金链看，房价下降，自然会引起土地价格下降；地价下降传到土地财政收入大减，再传到地方融资平台问题难解决，最后会不得不引起整个银行体系的稳定问题。

中国2400多家上市公司中，银行股只有16只，但利润却占2400多家公司利润近一半，如果银行资产质量下降，股市怎么能"由阴转晴"？

所以我在去年底曾提出，房地产调控是2012年宏观调控的难点和关键。但是今年初以来，国务院领导、住建部在不停地强调要调控，为什么市场、地方政府仍在与中央政府博弈？因为仍存在不该有的预期，期盼房价恢复上涨？

能不能把打击炒房、支持刚需的政策说得更精确、明朗些？更彻底、长期化些？我猜测，这本应是可以的，但实际上又不行。因为信号明朗后，炒房的人会纷纷抛售，引起多米诺骨牌效应，中国经济危机就会真的来临。目前采取不明朗的预期策略，估计是想稳住增长，但这又绝不是长远的良策。所以说，今年的经济困难，在明年上半年仍会存在。

今后怎么办？

下一步，要看中国房地产投资下降后，其他投资能不能替代，否则，中国经济增长就会很麻烦。

目前靠政府投资财力已有限，能不能真心实意去鼓励、而不是被动响应落实"新非公36条"？能不能变卖一些国有股份，扩大民间资金的"投资乘数"？中国不缺资金，只要放开管制，理顺政策，会涌现大量民间投资替代房地产投资，补上中小城镇建设中的财政投资缺口。

不少人对中国经济很悲观，富人移民的不少，部分消极情绪也体现在股市走势上。究其原因，除了经济增速合理下降，主要是因为一些人看不清这些系统性风险，弄不懂政府准备怎么去解决，因此他们看不到未来的希望。

其实，相当多的人既认同中国增长的巨大潜力（但仅是潜力），但又因看不清前途而缺乏信心，这是当前中国经济深层次的大问题。要抓住化解系统性风险这一牛鼻子，政府就需要对经济发展中已积累的很多麻烦必须做出系统的、正面的回答。

只有把当前困难的"底数"向市场坦然承认，同时把一系列需要调整的政策说清楚，包括如何解决投资替代问题，如何提高消费，并在逐步解决好房市泡沫问题的同时，使逐步化解系统性风险的预期明朗化，才能让海内外投资者真正确立理性预期，相信中国在今后十年仍拥有经济高增长的潜力。否则，只能以危机形式来强制实现经济调整，后果难以预测。

因此，寻找今后5~10年中国经济的重大问题，不妨从以上两大问题切入，顺藤摸瓜，纲举目张，从而理清经济改革"顶层设计"路线图。

应抓紧制定国家关于促进居民消费的发展规划，统筹结构转型和发展方式的转变。在内部，应尽快制定一个化解系统性风险的预案，重点围绕用一定的时间消除房市泡沫、使经济平稳增长这一主题，提出组合性的政策储备，择机逐步出台，在平稳增长中真正做到经济结构的逐步调整。

其他单项的重大经济问题，可以从配合的角度，分别搞单项改革方案。例如，关于金融改革、鼓励创新、资源价格改革、扩大世界市场等。特别是最后一项，在今后5~10年全球需求减少为大概率事件的情况下，如何消化中国已经形成的巨大产能和保持今后中国平稳增长中又新增的一块产能，至关重要。

新需求在哪里？必须开拓新的世界市场。除拉美、东盟十国，非洲市场不可忽视。16亿非洲人的手机、冰箱、洗衣机、汽车、食品需求还会大大发展。"中非论坛"承诺未来三年我们给200亿美元贷款，我认为远远不够。

作为战略考虑，应抓住人民币国际化和现有3万多亿美元储备的历史机遇与资源，在内部形成一个有长远意图的对外投资、贷款与援助的国家综合性指导意见。我们应做出精细的安排，扩大人民币和美元的"双币"对外投资、贷款与援助，让资金出去，让对方国进口中国产品、消化中国的产能，稳住中国的增长。同时支持对方国形成一定的投资能力、打造有竞争力的商品，进而扩大针对对方国的进口、特别是资源的进口，以平衡国际贸易。（转载于《财经》杂志，该文根据作者在"中国经济五十人论坛"演讲整理）

农村发展篇

　　早期的农村发展，通常有两大问题颇受关注：乡镇企业的发展与剩余农村劳动力的转移。如今，这两大课题已经凸显其后遗症：粗放式资源型经济发展带来了生态环境的破坏，严重影响到农村可持续性发展。青山绿水相伴已经不再是人们对农村的印象。而伴随着大量强体力的农民工进城，村里只剩下老人妇女儿童守望相助，哪里还谈得上什么经济发展？

　　农村发展面临的均衡问题除了自身发展的均衡外，还有历史遗留下来的城乡发展均衡问题。社区化概念的提出，在城市已经非常普遍，但应用在农村建设，它将是一个打破城乡差距观念上的突破和未来农村新气象的开始。

福建"三农"问题新动态及出路探究
——兼论社区大学引导下的乡村发展模式选择

福建农林大学教授，农学博士，海外副院长，中国农学会立体农业与庭院经济分会委员。研究方向为农业生态学、农业生物技术等。曾2次获得教育部公派赴荷兰和加拿大留学。

王松良

2004年党中央、国务院连续9年就"三农"问题发出"一号文件"，从各个层面提出解决"三农"问题的战略和策略。这些战略和策略的实施从很大程度上缓解了"三农"问题，但在微观事实上却缺少相关案例。本文通过对福建若干乡村的实证调查，分析新时期我国"三农"问题的新动态，并从乡村建设实证案例出发，整理出福建（海西）乡村发展模式，为全国"三农"问题的全面解决和乡村发展模式的选择提供借鉴。

福建"三农"问题新动态

针对福建省历史、人文、自然和经济地理特点，本文选择1个县（地处中亚热带的闽东地区福安市）、1个乡（地处南亚热带的闽南泉州市安溪县的福田乡）和5个乡村（安溪县龙门镇的龙门村与溪坂村、地处中亚热带的闽西连城县的培田村和闽中莆田市汀塘村、福州市闽侯县林柄村）进行实地调查。结果表明，尽管有连续9年"一号文件"的扶持，但长期的城乡"二元"政策及人口和资源压力使福建省的"三农"问题依然严峻，已无法用世纪初李昌平先生所谓的"农民真苦，农村真穷，农业真危险"所能概括，后者仅仅是福建省"三农"问题的外在表现。本质上，新时期我国"三农"问题是农村经济、农村环境和农村社会交织的难题。

1. 农村经济难题

"农村经济难题"可以表述为：长期的城乡"二元"经济政策导致

传统农业经济规律在我国农村地区失效。例如，传统农业经济学中，土地（耕地）与资本、劳力和技术一样仅是农业经济形成的因素之一。但在我国农村，一方面，农民对土地（耕地）没有占有权、支配权、处置权、交易权，而仅仅是契约上的使用权，所以，耕地不单纯是传统经济学的农业生产因素；另一方面，由于长期的"离土不离乡"政策，进城为工业化做贡献的农民并不能在城市立足，土地（耕地）更是他们退守农村的生命线。

现实看，"农村经济难题"即是农民的增收难题。虽然，经过改革开放30多年的努力，我国农业综合生产能力连续迈上几个大台阶，农产品供给实现了由长期短缺到总量平衡、丰年有余的历史性转变。但是随着农产品供求关系的变化，农业发展由主要受资源约束变为受资源和市场双重约束，出现了农产品"卖难"、价格下降、农民收入增长缓慢等新问题。自上世纪90年代后期以来，农民收入增长出现停滞现象，城乡居民收入差距趋于扩大。以本研究调查的福安市城乡居民收入为例（见表1）。2004~2009年，农民人均纯收入只增加197.24元，为同期城镇居民收入增量3538.76元的5%。如把城市居民收入中一些非货币因素，如教育、医疗、社会保障等各种社会福利考虑在内，城乡居民收入差距还会更大。可见，福安市贫富差距不是在缩小而是不断扩大。

表1　　　　　福安市农村与城镇年人均收入差别（2004~2009年）　　　　　单位：元

	2004年		2005年		2006年		2007年		2008年		2009年	
	农村	城镇	农村	城镇	农村	城镇	农村	城镇	农村	城镇	农村	城镇
年人均收入	935.45	8565.68	968.77	9594.15	1119.47	10577.76	1230.35	12769.34	1444.22	14535.93	1543.61	16199.29
年人均支出	795.94	5845.47	772.17	6395.94	900.41	6932.05	934.20	7799.33	1334.97	9192.57	1206.86	9940.22
年人均纯收入	139.51	2720.21	196.6	3198.21	219.06	3645.71	296.15	4970.01	109.25	5343.36	336.75	6259.07

数据来源：根据福安市统计年鉴2005~2010年数据整理。

党的十六大报告提出要在本世纪头20年，集中力量全面建设惠及十几亿人口的更高水平的小康社会，使经济更加发展，民主更加健全，科教更加进步，文化更加繁荣，社会更加和谐，人民生活更加殷实。而要实现全面建设小康社会的经济目标，关键在农村，重点和难点也在农村。

2. 农村环境难题

"农村环境难题"可以表述为：人多与地少的严峻冲突进一步巩固了人们关于自然与社会的"二元"观念，即以牺牲自然环境与资源为代价，求得近期发展，满足所谓社会目标。对耕地的不合理使用，为了短期的产量目标大量投入化肥和农药，造成耕地衰退、食物污染。更有甚者，自20世纪90年代以来，城市工业化通过乡镇企业的发展，把工业污染从城市渐渐蔓延到农村，农业可持续发展赖以存在、食品赖以生产、农村居民赖以生存的农业生态系统，已遭到严重破坏。

和高能耗的工业化道路一样，我国农业和农村经济的增长也是以高资源消耗、高环境污染、高劳动力密集和科技含量低、劳动生产率低、资源利用效率低为特征的"三高三低"粗放型增长。为了缓解人口增加引发的粮食短缺问题，现代农业大量使用化肥、农药，提高农产品产量的同时，也导致了农业生态系统的破坏。农药在杀死害虫的同时，也使其他有益生物特别是鸟类、蛙、蛇等虫害天敌遭受灭顶之灾；被誉为万物之母的土壤生物活性下降，有机物耗竭，保水保肥能力减弱；土壤污染严重，并沿着食物链富集污染了食品，生产出的食物中农药残留对人体产生了直接和间接的毒害，出现致死、致癌、致畸事件。

福建省的农田和养殖水面多次受到城市工业及其向农村转移带来的污染，如2003年三明农药厂污染排放造成沙溪流域的鱼塘污染，毒死水产品不计其数；2010年福建上杭紫金矿业污染事件造成当地农业环境的极大污染，直接损失达亿元，长远损失更是难以估量。

以福安市农村环境调查结果为例。福安城区周边森林面积13780亩，作为福安"母亲河"的富春溪流经城区14.48公里，富春溪上游至城区流域面积3498平方公里，养育了福安城区人，是优质的饮用水源。但随着工业化进程加快，富春溪上游污染愈加严重，包括石板材加工业、养猪场、河道砂石开采等人为破坏，污水未经处理直接排放给上游居民生活带来了很大的伤害，福安城区在1998~2003年5年间将垃圾填埋场设在自来水厂取水口的上游不远处，场外污水渗透直接造成饮用水源的严重污染。虽然从2008年开始，福安市政府出台了一系列治理饮用水污染的文件，但由于以发展工业为经济建设核心的战略地位没有改变，水资源和生活环境破坏的势头不但没有得到有效遏制，反而有加剧之势。福安市民饮用水的来源——富春江畔地表水，在上游水资源7公里范围内长期出现工业污染排放物和垃圾填埋场污水，严重影响市民健康。据不完全统计，福安市民患癌病人口比例，在整个宁德地区乃至福建省比例最高，因患癌住院人数每年呈递增趋势。

此外，作为本文选择调查的几个村落，除了土壤尚未测定不知其污染程度外，农村的生产和生活环境都不尽如人意。如安溪县的龙门村与溪坂村、莆田市汀塘村，由于受到城市小工业和本地生活垃圾的污染，环境恶臭和蚊蝇滋生已成为常态。

3. 农村社会难题

"农村社会难题"可以表述为：巨大的人口负担和双重的"二元"社会（城与乡、社会与自然）从经济和生态两方面引发农村在食品、经济、环境和教育等方面交织的困境。因为经济收入与大城市居民存在巨大差距，农村居民"享受"的是质量最差的食品和日常用品，更别提能获得与大城市同级别的环境保护和教育资源。对乡村教育的投入越来越少，学校对学生的收费越来越高，大部分农户的农业现金收入已不足以缴纳学生学费，农村学生流失呈上升趋势，农村义务教育成为一句空话；环境破坏，恶劣的医疗卫生条件，农村居民传染病发病率高。过去是靠政府和集体拿钱救治，现在县、乡、村三级财力不足，医疗保障体系又尚未建立，严重威胁农村居民的健康和生命安全；另外，和城市一样，农村地区的财富向少数发达地区、少数人集中，大多数地方和大多数人相对贫困，仇富心理普遍存在，也影响农村社会的稳定。

现实上，"农村社会难题"中最根本也最显要的体现，是城乡教育资源分配的不合理、不公平，农村教育资源（包括教师）严重匮乏。这种不公和匮乏随着城市的教育条件的改善而不断显现和加剧。15年前壮年农民工都是个人进城打工；10年前是带着子女进城，他们自己到厂里上班，子女在附近的农民工学校就学；5年前则演变成了"拖儿带老"进城，他们自己到厂里上班，子女在附近的农民工学校就学，父母在家照顾上学或年幼的子女。这些现象从侧面反映出农村教育的衰败：即使他们在城市受到各种制约和歧视，其子女在城市获得的教育资源仍比农村多得多。

对福安市农村教育及其人口素质的调查，可以得出两者之间有很强的因果关系，且主要原因不在于农民本身，而在于政府教育投入和监管的不到位。例如，在最基本的九年义务教育层面上，城乡之间都存在差距，农村学生流失、辍学现象比较严重。对2004~2009年农村住户的跟踪调查统计表明：农业人口占总人口70%左右的农村，其中文盲半文盲贫困人口约占2%，7~15岁的在校学生人数也逐年递减（见表2）。其主要原因有。

表2　福安市农村住户及其在校学生基本情况调查（2004~2009年）　单位：人

年份	2004	2005	2006	2007	2008	2009
调查户数（户）	90	90	90	90	90	90
全年家庭常住人口	397	411	412	405	405	406
6岁及以下	15	10	14	15	17	19
7–15岁	81	74	54	48	41	32
16–18岁	33	51	43	38	36	31
19–22岁	27	43	49	44	46	57
23–25岁	23	25	39	28	31	22
26–30岁	26	23	20	32	30	40
31–40岁	84	63	51	46	44	39
41–50岁	56	79	88	79	78	79
51–60岁	24	28	35	49	53	56
60岁以上	28	15	19	26	29	31
在学校生人数	112	118	99	87	84	84
7–15岁在校学生人数	81	73	54	48	41	32

数据来源：根据逐年的调查数据综合整理。

(1) 农村大量劳动力的转移，使农村部分小孩跟随年轻父母进城打工而转入城市就读。从2008~2009年福安市政府教育部门统计数据看，2009年共安排农民工子女就近入学1万人，秋季招收5100多名，比2006年增长105.39%。

(2) 教育制度改革，农村"撤点并校"，学生分流疏散就读，生源产生横向流动，产生许多农村小孩的入学难题。首先，重心在"撤点并校"，忽视"就近入学"原则，导致了很多农村孩子失学；其次，原来投入大量人力和财力的村小学，或被废弃不用，或贱卖为私房，造成了教育资源的极大浪费，进而导致农村乡土文化的瓦解。

为进一步验证上述农村教育现状，本研究还深入调查了安溪县福田乡的劳动力素质和义务教育状况。福田乡位于安溪县与华安县、漳平市交界处，面积174平方公里，辖5个行政村和福前农场、丰田林场2个国有企业，人口以中老年人和儿童为主，青年劳动力不足，农业从业人员约占40%左右，技术职工和高素质人才较为短缺（见表3）。

表3　　　　　　　　福田乡村劳动力资源及从业人员构成情况　　　　　　　单位：人

项目 年份	乡村户数	人口数	乡村劳动力资源	乡村从业人员	农业从业人员	工业	建筑业（教育、文化、艺术）	交通运输、仓储、邮政	信息计算机软件	批发零售	住宿、餐饮业	其他
2002	1457	6007	2534	1993	1478	/	38	/	386	30	9	438
2004	1497	6085	2568	2006	1478	42	28	66	318	19	5	336
2006	1515	6117	2568	2006	1478	/	38	85	378	32	11	396
2008	1570	6214	/	/	/	/	/	/	/	/	/	/
2010	1592	6331	2868	2273	1514	545	293	238	52	86	65	699

数据来源：安溪县统计年鉴（部分2008年份的数据缺失）。

近几年，福田乡的中小学教育事业发展存在两个方面的问题：

一是地段偏僻、居住分散，基础教育均衡发展的任务很重，乡村财力薄弱，学校建设经费短缺，办学条件比较落后。我国真正实施九年义务教育已经有好几个年头，农村学生的学杂费是免了，但是对农村教育经费的投入和师资力量的配备却没有跟上，导致农村教育的整体质量下滑。福前农场是托居福田乡的国有集体所有制农场，主营茶业，长期资助并管理福田的中小学教育。但随着农场解散，当地教育转为镇政府出资和县教育部管理，这种体制限制了农场支持当地教育的积极性，投入减少，办学条件落后。经济条件稍好的家庭选择将孩子往县城里送，政府顺势实施"撤点并校"策略，反过来给贫困家庭带来巨大压力和负担。

二是乡村破败，大量劳动力外出打工，生源不足，实施"撤点并校"造成大量教育资源严重浪费。从2002~2010年，福田乡学校生源呈现不断下降的趋势（见表4），教学的软件和硬件资源更新不足。小学校园占地面积达11675m²，生均占地面积达25m²；校舍建筑面积3087m²，生均校舍面积6.6 m²；中学校园占地面积达9812m²，生均占地面积达25.4m²，校舍建筑面积5316m²，生均校舍面积13.8m²，基本达到教学要求。但是生源短缺等问题成为当地乡村教育发展的瓶颈。福田中学（即安溪十八中）在2010年9月份由于生源短缺，所有教学资源被合并到县城的丰都中学。

表4　　　　安溪县福田乡基础教育概况（2002~2010年）　　　单位：个或人

项目 年份	普通中学概况						小学概况					
	A	B	C	D	E	F	A	B	C	D	E	F
2002	1	5	66	207	38	17	6	51	170	1245	141	72
2004	1	5	74	227	115	17	6	38	287	991	80	67
2006	1	5	32	238	55	17	6	34	227	779	52	62
2008	1	–	–	–	–	–	–	–	–	–	–	–
2010	1	3	41	277	51	17	4	26	65	505	99	68
备注	A.学校数 B.班级数 C.毕业生数 D.在校生数 E.招生数 F.教职工数											

数据来源：安溪县统计年鉴（2008年数据缺失）。

"三农"难题存在的症结

1. 城市化严重滞后于工业化，农民数量过多

我国"三农"难题的症结不在农业或农村本身，而在于长期的"城乡隔离"（城乡户籍登记制度）、"离土不离乡"，以及"剪刀差"（农产品便宜，生产资料贵）等城乡"二元"政策。前者造成城市化远远滞后于工业化，大量为城市做贡献的、有能力城市落户的"农民工"不得不退守农村；后者则使农业再生产的资金和农民的收入源源不断流向城市和工业。其结果是工业化已完成，但城市化远远滞后于工业化，造成农村人口众多，而城市人口相对太少。

根据《中国统计摘要》公布数据，2000年我国总人口为12.65亿人，其

中，城镇人口4.58亿人，占总人口的36%，乡村人口8.07亿人，占64%，大多数的农民生产农产品供少数的城市人口消费，由于消费有限，农产品过剩，影响了农民增收。福建省工业名镇福安市的工业化与城市化比较数据更能说明这个问题（见表5）。数据表明，2009年福安市的工业产值占工农业总产值的88.4%，是典型的工业市，但其城镇化率仅为28.4%，这是城镇化严重滞后于工业化的典型案例。农民来到城市为工业做出巨大贡献，但从来没有得到与其贡献对等的待遇。

表5　　　　　　　　　福安市的工业化、城镇化水平比较

年 份	工业占工农业总产值比重（%）	总人口	市镇人口	乡村人口	城镇化率（%）
2005	81.1	611095	161715	449380	26.5
2006	83.8	614730	163154	451576	26.5
2007	85.5	622567	171532	451035	27.6
2008	88.2	643668	177981	465687	27.7
2009	88.4	644449	182903	461546	28.4

数据来源：根据福安市统计年鉴2006~2010年数据整理。

进入21世纪的今天，我国第一产业比例已经大大下降，但农村人口比例依然高达67%以上。试想7个农民生产食品给3个城市居民消费，当然是后者说了算，农业何来效益？相比之下，美国等发达国家仅由约2%的农民生产农产品供给98%的城市人口消费，加上联邦和州政府对农业、农民的各类保护、补贴，农业成了最赚钱的行业之一。

2. 先对农业实行"负保护"，后又推进完全市场化

长期的城乡"二元"机制是公开的城乡政策差别，也是对农村居民的不公。在社会主义经济体系中具体表现为，农业的产前（生产资料）、产中（食物生产）、产后（农产品加工与营销）的割裂，使农业有别于其他产业，成为破碎的产业，农民只获得微薄的食物生产利润，而产后加工、包装和营销等大量增值利润，则被城市的工业、商业和副业经营者瓜分。此外，由于农产品价格便宜，生产资料昂贵，这种"剪刀差"每年令上千

亿资金直接从农业流向工业，从乡村流向城市。抽取农业部门的剩余给非农产业部门，形成了长期"以农补工"和"以乡补城"，使农业、农村长期处于"负保护"之中。我国农业的"弱质"性就是这样形成的。

我国是世界上对农业部门提供"负保护"水平最高的国家之一，根据WTO农业协议中规定的国内支持总量测算标准来测算，1993~1995年在政府提高收购价格的情况下，我国农业仍然处于负保护状态，农业流向非农产业部门的资金、资源，年均达人民币1050.97亿元[①]。粗略估计，新中国成立以来通过工农产品"剪刀差"，已从农民手中拿走了2万亿元的财富；而最近几年，又通过低价征地方式从农民手中拿走了2万亿。我们的调查表明，成立于2008年的福安市甘棠镇工贸集中区占用耕地5000亩地，按每亩差价18万，这些工业企业或政府从农民手中就拿走了9个亿。这些都说明，政府在协调工业化和城镇化时监管机制的缺失造成了对农村经济的剥夺。从这个意义看，我国的"三农"难题类似清代著名学者黄宗羲提出的"历代农民税赋负担重到来不及'再生产'的地步"，即所谓的"黄宗羲定律"。

新世纪伊始，我国加入了WTO，把农业和其他产业一样实现完全的市场化，我国"弱质"的农业、农村、农民，就此无条件地与发达国家长期保护下的强大农业一起竞争。我国的粮食、油料和棉花等保障性农产品，因价格高于国际市场而缺乏竞争力；而原先被认作劳动密集型的有比较优势的蔬菜、果树、畜产、园艺等产品由于残留大量农药、化肥和工业污染物，屡屡遭遇绿色壁垒，比较优势无法转化为竞争优势，农民增收的机会大打折扣。不为人知的是，完全根据国际市场需要进行农业生产重新布局，又进一步恶化了我国的耕地、水体等农业生态系统。这也印证了古代学者王夫之提出的"历代统治阶层的'劝农'实质上等于'伤农'的道理"，即"王夫之定律"。

[①] 温铁军：《ＷＴＯ与中国的"三农"问题》，《中国农垦经济》2001年08期第13~16页。

我国"三农"问题出路和乡村发展模式选择：基于对福建乡村建设的调研

1. 汀塘模式：走农村城市（镇）化之路

现代化的过程就是非农产业逐步增加、农村人口逐步减少的过程，即城市化过程。"三农"之所以成为难题，根本原因在农村人口过多，而人均农业资源过少[①]。对我国地区差异和城乡差异的分析都表明，城市化和工业化水平在一定程度上决定着农民收入。原因有三：一是城市化水平越高，农村经济受城市经济的拉动就越大；二是工业化程度越高，非农产业越发展，农村劳动力在第二、三产业就业机会越多，农产品加工、储运等农业产业化步伐就越快；三是城市化和工业化直接带动农业生产方式变革和农业科技进步。在城市化和工业化较高的地区，农业经营规模与内部结构、科技含量与优良品种率，农村基础设施建设、农村服务体系建设等方面的发展也得到城市经济的引导和要素支持，为农民增收提供了根本出路。

从现实看，我国农村劳动力达4亿，目前耕地仅能容纳1亿农村劳动力，即农村剩余劳动力3亿。按照经济学家W.A.Louis的理论，农村剩余劳动力得不到有效转移，农业劳动生产率就很难提高，农民的收入不可能增加[②]。3亿农村剩余劳动力得不到转移，我国"三农"问题就得不到根本解决。

尽管目前学界对农村城市（镇）化的争论依然存在，但农村人口向城市（城镇）转移即城市（镇）化是不可阻挡的趋势，且正进入快速阶段。我国应吸取以前工业化过程中政策监管扭曲的教训，在快速的城市化进程，把政府监管提升到更高的高度。中央和政府已关注到这个重大问题，于2005年提出实现"转移农民、减少农民、富裕农民、建设社会主义新农村"的伟大战略；2010年的"一号文件"，提出了发展农村城镇化战略的

---

① 王松良、邱容机、朱朝枝：《中国城市化进程反思与战略调整》，《农业现代化研究》2005年06期第440~444页。

② Louis Wirth：《Urbanism as a way of life》，"American Journal of Sociology"1938年。

具体对策：鼓励通过土地机制的创新，在中部地区大规模启动小城镇建设，吸引农民进集镇、城市，同时扶持乡镇企业、农业产业化和第三产业发展，促进农村城市化、农业现代化、农民农工化。

在这样的大背景下，福建莆田汀塘村的生态城镇化道路，将成为乡村发展的重要模式之一。汀塘村是莆田市东南面的一个村落，与之接壤的埭头镇、笏石镇和秀屿港分别是省级城镇化试点、工业化城镇和省级港口。汀塘村大量劳动力向外转移，耕地不断减少，村民连菜地都几乎没有了。这样的村落失去了发展农业的全部基础，与周围城镇融化一体才是唯一出路。2011年中国人民大学在该村成立的"汀塘社区大学"，正是基于上述自然和人文地理，提出该村将依托构建良好的生态环境和文化氛围融入周围城镇的城镇化之路，为生态城镇化乡村建设提供一条崭新的路径。

2. 培田模式：建设农村（民）专业合作组织

农民从农业中取得的收入微乎其微，除了城乡"二元"结构造成农业产业破碎化，农民被局限在有限耕地上获得微小利润外，农民组织的长期缺位也是重要原因。此外，农民问题的核心之一在于如何处理好国家与农民、政府与农民的关系，除了经济利益，农民的政治权利保障也要加强。所以，应尽快恢复我国原有的"农民协会"（简称"农会"）组织，使之成为农民心声与利益的代言人，与政府共同维护农民的合法权益。

尽管农村合作组织法已颁布5年（2007年颁布的），但各地实施效果不尽如人意，很多地方的农村合作社被资本公司或利益集团控制，农户仅是出了户名而已。政府和各级非政府组织应该极力帮助农民建设健全的农村（民）专业合作组织，以税收和其他优惠政策鼓励农民通过合作提高经济规模，真正实现农业产业的"种养加"结合、"农工商"一体化，真正做到社员平等参与决策、经营，利益均沾，促进农民合作组织直接进入金融、保险、加工、批发市场等领域，以非农经营获得利润，支援农业。

培田村是闽西老区连城县的一个乡村，也是国家级古民居示范村，全村常住人口1500人。保存完好的古民居群吸引了来自全国各地的艺术家和旅游者。从2010年起，培田村在中国人民大学成立的培田社区大学的带动下，以古民居产权和特殊生态环境为纽带，形成了统一决策、共同经营的特殊合作社，实现有序经营和有效保护的统一，开辟了乡村旅游和特色农产品贸易的新路径。

3. 福田模式：大力发展生态茶业

"生态农业"由美国土壤学家William Albrech于1971年提出，是20世纪初发达国家现代化农业的替代模式之一。我国于上世纪80年代初期引入"生态农业"一词，并结合具体国情加以宣传和实施，经过近30年的实践和完善，形成特色的理论和技术体系，称为"中国生态农业"，其定义是：运用生态学原理和系统科学方法把现代科学成果和传统农业技术的精华相结合而建立起来的生态合理性、功能良性循环的一种农业体系。党的十六大报告提出："加强农业基础地位，推进农业和农村经济结构调整，保护和提高粮食综合生产能力，健全农产品质量安全体系，增强农业的市场竞争。"中国生态农业是世界可持续农业思想在我国实践的最佳模式，也是我国面临食品安全和全球低碳农业的最佳模式[1]。

福田乡是安溪县传统乌龙茶的故乡之一。近几年，福田的茶业也同样面临与安溪乌龙茶产业一样的质量下降（农药残留严重）、出口受阻、效益下降的严峻挑战。从2009年起，福田乡的茶产业在中国人民大学成立的福建乡建基地的指导下，发展生态茶业和茶专业合作社，逐步改变了生产环境，提高了农产品质量，呈现新的局面。

4. 林柄模式：以社区支持农业

农产品从农村耕地（生产）到城市餐桌（消费）过程的诸多环节，一

---

① 王松良、林文雄：《中国生态农业与世界可持续农业殊途同归》，《农业现代化研究》1999年20(2)第81~84页。

王松良、陈冬梅：《福建现代生态农业的发展：成就、问题和对策》，《福建农林大学学报》（社会科学版）2009年12（4）第25~29页。

王松良、C.D.Caldwell、祝文烽：《低碳农业：来源、原理和策略》，《农业现代化研究》2010年31（5）第604~607页。

方面使生产者（农民）利益严重流失，使农业成为无利可图的弱势产业；另一方面造成农产品安全问题，城市居民对蔬菜、食品的农药残留产生强烈恐惧。在上述背景下，一种目标基于对农业生产与消费关系的根本变革、促进城乡互信互动的农业模式——社区支持农业（community supported agriculture，CSA）正在全球兴起。

CSA模式中，消费者直接与生产者联系，提前预付生产费用与生产者共同承担未来一年可能出现的风险，而生产者则通过健康的生产方式（一般是生态农业）和技术（大多是有机耕作），定期为消费者提供安全食品。这种农业模式强调消费者和生产者相互依赖、相互依存、共担风险、共享收益。CSA中的"S"既可以解读为"支持（Supported）"，也可以视为"分享（Shared）"，传递着城乡之间相互支持、平等友好的理念。值得一提的是，CSA还是在全球共治气候变暖背景下，作为一种源于加拿大等发达国家"在地化消费"的战略，为减少食品在长距离运输过程的化石能源消耗和碳排放而催生出的"低碳农业"绝佳模式[①]。

福州市郊县林柄村离福州中心城市30公里，是传统的农业乡村，更是福州市民的菜篮子基地，其生产模式是"农民—公司—超市"。以前，林柄村需应用大量化肥和农药支撑蔬菜的产量和卖相。但在2009年，福建农林大学毕业生魏长与退休教授曾开泉合作在该村创办了一个小型CSA，从事安全蔬菜生产，目前拥有100多个福州城市社区客户。它效仿我国最早的CSA"北京小毛驴市民农园"[②]模式，通过配额和份额两种方式促进城市社区居民参与其中，不但实现了蔬菜安全生产和供应，促进城乡居民互信互动，还逐步取代了从前高肥、高药的蔬菜生产模式。

---

① 王松良、C.D.Caldwell、祝文烽：《低碳农业：来源、原理和策略》，《农业现代化研究》2010年31（5）第604~607页。

② Yan Shi, Cunwang Cheng, Peng Lei,Tiejun Wen & Caroline Merrifield " Safe food,green food, good food: Chinese Community Supported Agriculture and the rising middle class"， "International Journal of Agriculture" 2011年9(4)第551~558页。

结语

正如加拿大农学家Caldwell博士所言，农业是"把太阳光转化为人们健康、幸福生活的科学、艺术、政治学和社会学"[①]。农业是这个星球上唯一有生命的产业，事关人类的健康、幸福和可持续发展，不能完全走其他产业的货币化、市场化之路。农业也不仅仅是"经济学"，更应该是"生态学"和"政治学"，要用"生态学"原理构建和谐的产销体系，以优惠的政策加以保护。发达国家及我国台湾地区，之所以没有"三农"问题，政策的保护作用远远超过技术的推进作用。这是解决我国"三农"问题最根本的战略，连续9年的"一号文件"是致力于此的良好开端。不断创造宽松的行政环境，推动整个社会（组织）参与乡村社会发展管理的创新，以乡村社区大学引导农村的产业和文化建设，正是建设和谐乡村的正确方向。

---

① 王松良：《信息技术：走向农业生态系统的可持续管理》，《农业网络信息》2005年08期。

温铁军

当代中国的三农新解

中国人民大学教授、农业与农村发展学院院长、可持续发展高等研究院执行院长；国务院学位委员会学科评议组成员，政府特殊津贴专家。晏阳初乡村建设学院理事长兼院长，著名三农问题专家。

从2002年中央政府明确三农问题为"重中之重"已经过去了10年，从国家"十一五"规划为改变三农困境于2006年大幅度增加"新农村建设"投资也已经过去了6年。同期在资本主义主流世界绝无、但在中国却重复出现的"中国特色"还有很多。例如：中央一号文件连续发了8个，中国粮食连续增产了8年。这一切，西方文字很难意译，笃信西方文化者更难以理解，但它却被实践证明是中国在应对2009年全球危机之际，走出"V形"反弹的重要基础条件。

中国的三农改革已经出现了很多不同以往的新问题和新挑战，三农问题的内涵也亟须重新鉴定：由原来是农业增产、农村发展和农民增收，转变为农民权益保护、农村可持续稳定与农业生态安全的"新三农"。

在2012年中国新农村建设年度新增投资规模将超过1万亿之际，三农领域出现的新动向，应该引起高度重视。

重中之重：维护农民权益就是维护社会稳定

当代三农问题中，第一位是农民权益，因其关乎国家基本安全。

在上个世纪提出三农问题并引起讨论之时我们就指出：世界上任何发展中国家加快城市化，几乎都伴生"空间平移，集中贫困"的贫民窟扩张。百年来，中国人不论何种体制，都在试图完成工业化原始积累并且加快产业资本扩张进程。其与一般发展中国家之最大不同，恰恰在于没有同步推进城市化。

这不仅是我国工业化没有以大型贫民窟来储备劳动力后备军，却长期维持劳动力低成本竞争的唯一"比较制度优势"；而且还是我国在高速增长时期得以维持稳定的客观条件：亿万贫困人口分散在380万个自然村里，政府还可扶贫。然而，若一旦被那些食洋不化的政策剥离土地资产把农民集中到城市，那无论是否搞贫民窟都改变了其农民小有产者属性；一旦农民通过劳动生产线被改造为世界最大规模且组织性最强的工人阶级，就有了类似于西方19世纪阶级"政治主导暴力革命"的社会条件。

各地近年来有些人不顾农民权益对于国家的基本安全作用，强行推进城市化，不仅造成与美国"次贷危机"类似的、总额在10万亿以上地方融资平台债务推给中央政府去偿还；而且对中国这个占世界人口两成的超大型国家构成极大制度成本——人类在资本主义文明阶段的城市化，只不过是资本集聚和风险集中的过程。

中国在工业化阶段的所谓"比较优势"，主要在于城乡二元结构体制下长期维护小农理性的基本财产制度稳定。因为：土地革命使全体农民平均得到最大的无风险资产——土地，才有农民劳动力投入非农产业，这是使资本获取风险收益的前提。

中国在维护农民权益的基本制度上的一以贯之可谓萧规曹随，每隔差不多20年，就给农民再平均分一次——1950年土改、1980年大包干、1998年二轮承包……唯此举，才使农民得以承担流动性非农就业风险、使企业家或国家得到风险收益的制度条件。

发达国家现代化的既往经验，是借助对外产业转移推动"接受国"构建亲资本制度体系，从而得以顺畅地向发展中国家层级梯次转嫁制度成本；而发展中国家更具共性的教训是在债务危机中落入"发展陷阱"。

中国是作为原住民人口过亿的人口大国中唯一完成工业化的国家，总体上维持稳定，与其他发展中国家比较，能够承受历次危机的考验，尚未堕入"现代化"陷阱(即土地私有化推动无地农民进城引发的大规模贫民窟冲突和生态灾难)，一个重要的原因就是有三农作为城市危机软着陆的载体，中国可以凭借城乡二元结构，向广大的农村分散城市经济危机的巨大制度成本。从这个意义上说，恰恰是资本力量薄弱的"作为劳动力池的三农"，是我国经济资本化进程中能够保持总体稳定的"稳定器"。

乡土中国之所以能够承载经济危机的制度成本，依托的并不是资本运作的逻辑，反而是传统兼业化小农家庭和多功能村庄因内部人力、土地和资金的多样化组合，我们称之为"农户理性"和"村社理性"。它不仅在当代能够内部化处理外部性市场风险，而且在历史上本来就是能够化解自然和经济双重风险的内在机制。

本固邦宁：基于"村社理性"构建乡村良治

民国年间的乡村建设，秉持的基层治理思想是"民为邦本，本固邦宁"，只有自下而上地"启迪民智，开发民力"，才能构建良性的乡村治理结构。然而，1935年日本进占华北，当时的政府迫于内外战争压力急于获取农村资源，从而在全国自上而下推行"保甲制"，这几乎中断了民本思想的乡村治理试验进程。民国教训很直白：官本位乡村治理高成本且必致良绅变劣绅、良民变刁民。

我们近7年的一项关于乡村稳定的课题研究梳理出一个规律：任何外部主体进入乡土社会都因为分散小农交易费用过高而造成畸形治理的制度成本；除非政府为恢复乡村组织化基础上的自治而全面改善外部条件。

我们的研究还指出，建国60年来发展产业资本期间的8次经济危机，凡是能够向三农转嫁制度成本的，位于城市的产业资本就能"软着陆"；不能转嫁的就都硬着陆——"砸"在城里的危机都造成城市失业，引发重大激进的财税、金融等体制变革。上世纪50年代初和80年代初的两次城市经济危机，都导致了城市财产关系重大变迁。但是，在经历了30年改革尤其是最近15年，一些农村政策似乎刻意施行去组织化制度安排，导致过去有效帮助经济危机软着陆的"村社理性"机制越来越失去其依存的组织载体，应对内外风险的能力日趋弱化。

由于村社所有权的土地产权制度改革对"农户理性"的破坏作用，已经比"单嗣继承制"更甚，催使更多小有产者农户家庭中原本为增加现金需求而派生的有退路的打工者，短期内就演化成为必须留在城市的农民工。同期，农村也由于可被资本化的要素(如青壮劳动力和土地)率先离农，而导致最难以被资本化的老人、妇女和儿童成为留守农村的主要群体和不断被边缘化的弱势群体，遂使农村加剧衰败。

当然，这一切不仅符合一般市场规律，而且也符合被多数发展中国家教训不断地证明着的市场失灵。由于当前各地招商引资盛行所体现的主流的发展逻辑仍然是"以资为本"，因此当前迫切需要推进农村组织载体的建设与组织创新，使"草根"为主的农村真正享受农村发展新政的实惠，而这正体现了新的发展阶段对乡村稳定及良性治理的要求。

十六大报告提出"城乡统筹"，并且近年来不断强化涉农投资，就是因为中国这个农民人口大国的三农发展，不仅仅是一般发达国家的农业生产，它客观上还具有国家稳定战略的公共品属性，而长时间以来，这种公共品的供给明显不足。

也就是说，任何相对而言超脱了一般资本利益诉求的各地政府，均需将三农发展与乡村稳定作为一项国家战略，使其服务于整体经济社会稳定发展的需要，而不是将其简单地视作私人物品，追逐其作为产业经济和市场领域的利益最大化。也因此，"城乡统筹"的内涵首先是城市对传统多样化乡村社会的反哺，使其得到可持续发展的条件；而非简单地任由城市"去农村化"。

生态文明：加强农业生态安全，缓解农业现代化的负外部性

三农中的农业问题，早已不是产业扩张阶段要求的数量目标：增产和增收，而是农业生态安全。这是一个包括了农业资源与环境的安全、食物的数量及质量安全等方面的综合性概念。

中国是一个在地理位置上和西亚、北非干旱带相似的大陆地区，只是中国东部有太平洋季风带来的季节性的降水，中西部有沿着横断山脉南北走向上至秦岭的印度洋暖湿气流。客观上看，有这两个特殊地理条件，

才有5000年灌溉农业内涵村社理性的所谓东方文明。当代中国人解决吃饭问题，客观原因也主要是在1960~1970年代政府出资组织劳动力大规模投入农田水利基本建设，把有效灌溉面积从不足20%提高到接近50%。要知道，非灌溉与灌溉之间的产量差别是70%。

人们应该知道，1956年提出农业现代化，主要不是农民和农业的需求，而客观上是工业部门为了工业品下乡的需求提出来的——以乡为单位实现规模经济作为"集体化+机械化"的基础条件是其主要内容。那一轮农业现代化造成的后果是农民贫困和集体化失效。

而这一次，如果继续搬用益格鲁—撒克逊"野蛮资本主义"模式下的简单生产力外延扩张的所谓规模化现代农业的方式，顺理成章地增加现代要素投入，结果一定会造成双重负外部性最大化的问题。

一是农业成为最高面源污染的行业。二是越来越严峻的食品质量安全问题。这两个方面的负面影响也就是农业现代化制造的巨大的外部性问题，都主要是以有限农业资源追求高产量甚至追求收入增加所必然带来的结果。

缓解农业外部性问题绝不是简单地重复过去的说法，我们面对的新问题是如何使农业不再成为一个过度破坏资源环境、造成污染和食品不安全的领域。

既然农业生态安全内涵有三个不可分割的范畴——资源、产量、质量，那就既包括资源领域的水土光热、草原、林区、高原和山区等生态化的资源条件及生存其中的乡土社会的生态化存在；也包括产业领域从品种品质到生产经营的全要素投入产出过程的生态化改造，及其相关的海内外市场的全面立体的统筹协调。在资源方面主要体现为生态化的环保问题；在质量方面则是食品安全问题，单纯强调增加产量可能会带来的负外部性。

2005年国务院发展研究中心研究发现，农业污染对全国污染总量的贡献率为1/3~1/2，农业污染已经严重影响到国民经济的可持续发展。分析2010年2月6日中华人民共和国环境保护部、国家统计局、农业部联合发布的《第一次全国污染源普查公报》，也可发现农业源排放的总氮和总磷对两种水污染物总量的贡献率已经超过一半，分别占到57%和67%，农业已经成为这两种水污染物的最大来源。种植业污染主要是因为长期过量使用的农业化学品流入环境，畜禽养殖业重大污染则主要是粪便集中大量排放进入环境而得不到土壤消纳。而如果畜禽粪便还田，1个标准畜禽单位的年存栏至少应有1亩耕地来消纳粪尿废弃物，否则土地环境负担过重无法消纳。

可见，追求农业的专业化和集约化造成农牧脱节，是导致农业源污染的主要原因。只要复兴传统的兼业化小农经济就能做到农牧结合，实现节约农业化学品和缓解畜禽粪便污染环境的双赢效果。

如果能够提高小农组织化，因地制宜发展合作型农牧沼气复合生态农业模式，不仅可以克服生态农业生产主体分散导致的市场、政府双失灵问题，还可以通过外部资源注入规模生产主体的途径改善生态农业劳动比较收益低的不利因素；合作型农牧沼气复合生态农业模式所蕴含的制度创新与组织创新，不仅在理论上能够达到逻辑自洽，客观也具备坚实的财政条件和物质基础，符合国家的政策转型要求。

"民以食为天，食以安为先。"近年我国食品安全乱象频出，此起彼伏的食品安全事件刺痛我们的神经。对此，人们大多局限在食品安全领域发生的具体问题上做分析。

我们认为全球化之下的食品安全领域的主要矛盾已经发生了变化。资本化以前的传统农业存在农民生产和市民消费之间的矛盾，现在则是食品作为产业"被资本化"——农业外部的资本进入农业领域，占有了农地、草场，转而使农民成为雇佣劳动力，发生资本与农民的对立矛盾。进入农业的资本需要控制食品加工和销售产业链，在加工和仓储、批发和销售、包装和广告等各个环节加长产业链条提高获利能力，这就势必推高消费者价格而造成资本与市民之间的对立矛盾。

当资本成为食品安全矛盾的主要方面，就决定了食品安全领域主要问题的性质是"资本化"。同理，这个主要矛盾又决定了食品安全的"食物链"（利益链）的客观变化。

回顾历史我们不难发现，正是随着传统的社区自主型——无论是定居村落还是游牧部落——农牧业和林草业的破坏，以前可以内部化处理的外部性问题就势所必然最大化了。资本主义之前的这一套传统社会内部化机制对人类安全和生态安全高度结合的保护作用，由于没有了传统的人与自然和谐，也就是外部问题内部处理的一套，同时社会体系又被资本化体系解构，剩下的就只有外部性最大化了。

之后，随着西方主要针对发展中国家问题的制度经济学问世，又把外部性问题极端地简单化为制度问题。结果，村社群体理性破坏和农牧民高度分散、缺乏有效组织载体等具体问题被这种理论极端化理解之后，成为被占有收益的主流认为只有通过全面私有化和市场化才能解决问题的借口。

而我们今天遇到的主要规律性问题仍然是，在几乎所有涉农产业和领域，凡是完全依靠市场力量运行的，几乎无一例外地都呈现出"市场失灵"的结局。没有任何利益相关者愿意承担这种制度造成的外部性最大化的代价，还是按着经济生态链条的方向在向弱势群体和资源环境转嫁风险。

幸运的是，近几年国家政策的调整，内在体现了三农在国民经济发展中的战略意义的伟大转变。继三农问题于2003年成为全党工作的"重中之重"以后，2004年胡锦涛总书记在中共十六届四中全会上提出著名的"两个阶段和两个反哺"论断，指出工业化国家发展过程中初始阶段"农业支持工业"，达到相当程度后"工业反哺农业、城市支持农村"的两个"普遍性趋向"。

中国在新时期战略调整的思想上进一步丰富充实，明确了科学发展观的经济方针和构建和谐社会的政治路线。2007年的中央1号文件提出"现代农业"这一具有更加符合生态文明农业的多功能性内涵。2008年党的十七届三中全会又进一步提出到2020年要把农业建设成为"资源节约型、环境友好型农业"的长期目标。

据此认为，中央政府已对农业政策作出调整，而调整的方向正是从化学农业阶段的反生态方式转变为体现多功能性的生态农业方式。同期，政府直接运用国家财政力量，于2004年启动了取消农业税费的改革，并于2005年提出新农村建设投资每年增长10%以上政策连续10年不变，迄今财政支农资金已经超过2万亿元人民币。

由于农村生态环境的治理在很多方面超出了小农单家独户的生产和生活范围，因此这些包含生态文明的要求要真正落实，必然要以农村治理的改善为前提，而生态环境功能和社会稳定功能都是农业和农村发挥外部性的重要领域。

提高农民组织化程度

假如我们一如既往地在很多领域盲目照搬西方个体主义为基础的且内涵着一定意识形态化教化功能的理论体系，则会愈发将一些三农相关问题：比如农业产业化问题、农村稳定与地方治理问题、农业与农村生态环保问题、流动劳工问题等推向不可解的两难困境。

我们认为，唯有复兴生态文明以维持乡土社会内部化，来应对外部性风险的综合性合作与自治，才是我国免于重蹈负债过高的现代化危机的合理取向。而国际经验比较研究也表明，在小农经济社会，只有提高农民组织化程度，才能形成制度创新的空间，改善乡村治理，并以组织创新和制度创新，来承接政府各项惠农和生态文明导向资源的注入，最终实现农村经济、社会和治理的可持续。

只有农村发展的可持续性，才有中国全局发展的可持续性。

邱建生

城乡共生与
在地化教育系统的初步探讨

晏阳初平民教育发展中心总干事，中国人民大学乡村建设中心副秘书长。

几十年来，我们的社会认知是在这么一些概念下逐步形成的：生产效率、更多的财富、进步、成功、发展、竞争……现在，由这些概念汇集而成的发展主义和消费主义已经渗入到我们社会的每个毛孔。好好赚钱吧，赚不到钱是可耻的，好好消费吧，好好享受购物的乐趣吧。这个社会的绝大部分人群自愿不自愿地陷入到赚钱——消费、消费——赚钱这一单向度的物质化生存里，整个社会则陷入适者生存的动物逻辑中不能自拔。这是一个现代化的蛮荒时代，我们有高耸入云的高楼，有上天入地的高科技，有各种各样的高级人才，但也必须承认，这一切都无法掩盖我们时代的野蛮和荒凉。这个时代无限制地刺激人们的贪欲，人们成为自己创造的各种物质的奴隶。人们不断地把自己区别于动物的精神的一面抹去，而彰显物质的一面，并且使自己相信，只有物质化的人才是高贵的。

发展文化的滥觞，使我们的社会认知水平逐步趋向物质化，在有些地方和领域，人已和肉食动物没有什么分别。在这种认知水平下，我们创造了令世人瞩目的经济奇迹，甚至在世界范围内有了"中国模式"的经验讨论。但另一面，我们为之付出的巨大代价却被忽略不计了，而如果把这些代价计算进去，我们所谓的"经济奇迹"可能就是海市蜃楼了。生态环境的破坏是一个方面，人文环境的破坏是另一个方面，这两个方面的垂直下降使我们的地球和社会同时处在危险之中。

全球化知识系统

全球化知识系统的形成，可以上溯至第一次工业革命和早期的殖民化时期。发生在英国以蒸汽机为代表的科学技术革命，是人类在科学探索上的一个里程碑，从此，科学技术与人们的实际生产生活发生紧密联系，率先从西欧开始的现代文明开始登上历史舞台。今天，人们显然已离不开科技，因为它已内化为社会的有机组成部分，作为社会人，你只要在这个社会上工作、生活，就离不开它。人类长期以来追求的舒适、健康、方便等等，现代科技都能满足。

以科学技术革新为代表的全球化知识系统在人们对美好生活的向往中，迅速占据世界各个角落。首先是西欧诸国的早期殖民地，非洲和拉美、北美、印度次大陆。殖民者在这些地方烧杀抢掠，然后更新当地"落后"的文化，代之以"民主"的政治、自由的市场、西化的教育、开放的社会。殖民者以暴力手段将"民主"、"自由"的旗帜插在这些殖民地的土地上，大肆掠夺当地资源，包括人力资源，以满足宗主国上层社会的贪欲。

以满足人们贪欲为目标的经济学，也在这个时候走上历史舞台，并迅速成为舞台上的主角，睥睨一切。财富、竞争、市场、自由贸易基础上的经济学鼓励人们不择手段去积累财富，然后尽情消费，整个世界成了一个大大的赌场，人们在这里竞争、算计、掠夺、压迫、剥削，少数人和少数地方成功了，大多数人和大多数地方却失败了，而所谓的成功，是建立在多少人类和自然的血泪悲歌上的啊。

全球化知识系统在资本主义生产关系和生产力的形成和发展过程中，逐步成了世界的主宰，它以科学和经济学为双翅，遨游天际。其他一切学科都马首是瞻，臣服在它的淫威下，并加入其扩大再生产中。

在这种知识系统的统治底下，我们看到的是每年有1000余万儿童在饥饿和缺少必要的医疗下死去，世界上最富的500人的收入总和大于4.16亿最贫穷人口的收入总和，约有20亿人缺少基本的公共服务；当现代科技能让人坐飞机，上网，甚至去太空旅游，每天晚上却有上亿人只能饿着肚子睡觉。这种知识系统制造出太多矛盾，它带来舒适、科技与财富，同时又制造出太多的贫穷，太多的不幸；它甚至不只想摧毁人类，更想消灭自然。从这个知识系统形成的四五百年来，成千上万的动物和植物物种被消灭了；各地的森林越来越小，臭氧层正在消散；我们目睹了气候变迁，我们那些永远有积雪覆盖的山头正在消失。

在地化知识系统

如果任由当前的知识系统横行下去，地球和人类将进入万劫不复的境地。我们应该怎么做呢？是的，我们应该参与到构建在地化知识系统的工作中来，修复自然，涵养人类。

在地化知识系统是在全球化知识系统几百年来的凯歌高进中被逐渐边缘化的，它的命运和乡村一样，逐步被排挤而日趋萎缩。所幸的是，它尚未被完全消灭，它还存在于我们广袤的乡土社会，尽管已变得支离破碎，但一息尚存；它也在我们丰厚的传统文化中，透过漫长的历史，向我们这些不肖子孙致意；在世界范围内，在原住民地区，在地化知识系统仍有它的生命力。其特点，我们可以试着进行如下概括。

在地化知识是有敬畏之心的。这种敬畏之心的形成，与人们日常的生产生活密切相关。由于漫长的人类历史中，人们的主要生产和生活是围绕着自然世界来展开的，受大自然的影响很大，人们在自然面前往往无计可施，而逐渐形成敬畏之心和相应的文化，人们拜天敬地，祈求丰收和平安，其谦卑的品质由是养成。而工厂的产生，使人们开始与自然界脱节，干旱和内涝一点也不会影响人们的生产和生活，人们对自然的敬畏之情变得越来越淡薄，甚至在自然面前，变得趾高气扬起来。当人类失去了敬畏之心，在自然面前，眼里就只有了利润。

在地化知识是朴实的。正像泥土的芬芳和劳动人民的质朴一样，扎根于大地的在地化知识有纯朴的芬芳之美。它来自于劳动人民的生产生活实践，为劳动人民服务；它衣着简朴，乐意在农家小院里品尝粗茶淡饭，而不屑于高楼华堂的锦衣玉食；它赤脚走在乡间的田埂上，对城市的水泥地面和车水马龙保持警惕。

在地化知识是合作的。与全球化知识对竞争顶礼膜拜不同，在地化知识尽管不回避竞争，但更强调合作。因为它深深知道，竞争在现实世界的实践，更多地带来的是没有秩序和强者愈强、弱者愈弱的局面。竞争是动物界的生存法则，而人的生存，应该有更高的法则，这种法则强调人与人、人与社会、人与自然的和谐共生，强调强者对弱者的关爱和责任，强调生命共同体。这种法则可称之为合作法则。

在地化知识是多元的。正像自然界的多样化存在一样，在地化知识系统承认社会文化的多样性，认为每一种文化都有其内在的价值，社会应该有多样性的存在。特别是在文化发展到一面倒的今天，以乡土文化为代表的其他弱势文化更应彰显并具有应有的地位。

城乡共生与社区大学建设

显然，在全球化知识系统统领下形成的今天的社会认知状况下，城乡要实现共生可实在是太难了。比如，按照全球化知识系统中的效率原则，乡村的一切在城市看来都是没有效率的，所以要消灭乡村，实现资源的最大化配置。其实，要实现城乡共生，根本的方面是要提升社会的整体认知水平，丰富和发展在地化知识系统。其路径之一，即发展以社区大学为载体的在地化教育。

在地化教育不是孤立的、就教育谈教育的概念，它是广泛而综合的社区重建的概念。教育是自始而终的手段，是其中的核心要素。其内容和目的，具体而言，有以下几个方面。

协助地方在经济上组织起来，发展在地经济，鼓励本地生产和本地消费，修复人与社会的共存共生的和谐关系。长久以来，以乡村为主的弱势区域，在发展经济至上主义和消费主义的蛊惑下，欣欣然投入现代化的怀抱，农民撇妻弃子、背井离乡，来到城市的工厂，接受资本的盘剥。多少年以后，在他们的青春耗尽时，城市遗弃了他们。他们拖着病弱之躯回到农村，此时的农村，在物欲的追逐中，乡情已荡然无存；在化肥农药无限度地使用以及污染工业的进驻下，土地已板结，山川已污染。这是一幅典型的图画，工业化和城市化的过程，是无数农民和自然的悲苦命运。今天的经济发展模式，是背井离乡、竭泽而渔式的发展，是不可持续的。而在地化教育有自己的经济主张，那就是发展在地的合作经济。

协助地方在文化上组织起来，发展地方文化，促进地方认同，重建乡土价值，修复人与人的关系。为适应工业对规范、效率的要求，从教育开始，不管是农村，还是城市，人像工业产品一样，被置于标准化的范式中，其丰满的个性被忽视和压抑，每一个人都被视作流水线上的简单操作工。体现在文化上，大众文化——特别是传统的乡土文化遭到遗弃，因为它不产生经济效益，没有效率。而整个社会，被工业化的文化充满，不管是艺术创作，还是表演或欣赏，都带着浓重的机械和铜臭的味道。这实在是非常要命的景象。文化的物化，将使我们的民族变成一个怪物。所以，如何恢复我们文化的多样性和丰富性，摆脱工业化对文化的负面影响，是在地化教育需要面对的一个挑战。

协助地方发展生态农业，倡导公平贸易，修复人与自然的关系。当物化意识渗透到每一个人的生活方式中，人与自然的共生关系也就从此被打破了。在人的眼里，自然就成了取之不尽、用之不竭的资源，成了可以变现为金钱的对象。不谈世界，单就我们这个有5000年农业文明史的国家，在最近的30年，由于化肥农药的无节制使用，对土地造成的伤害就超过了过去几千年。更严重的，这近百年有毒农业的发展，已使人类的健康陷入危险之中。而其化解之道，在人类自身，在每一个消费者的责任意识中。当消费者树立起责任意识，愿意担负农民进行生态农业种植的风险，我们的农业就会有不一样的未来，人与自然的紧张关系也将得到缓解。

"当工业革命把人的尊严变成了交换价值，用一种没有良心的贸易自由代替无数特许的和自力挣得的自由时"，在地化教育重建将重申人的尊严，恢复真正的人的完整存在，从而使"人的解放"成为可能。这个时候，乡村和城市这对孪生兄弟，将被自由的充满人性的纽带连结起来，不分彼此，患难相携，共生共荣。

辛秋水

关注农村空心化
——中国农村调研报告（节选）

安徽省社会科学院研究员，安徽省文化扶贫与村
民自治研究实验中心主任，安徽大学中国三农问题研
究中心学术顾问，中国农村社会学研究会副理事长、
安徽省农村社会学研究会理事长。

2O世纪90年代起，当数以千万计的农民满怀着对未来生活的憧憬，向城市涌去时，这股奔流的人潮背后，农村也就以其孤独的剪影停驻在了时代的角落。

　　国家统计局发布调查监测报告显示，2011年全国农民工总量达到2.53亿人，外出农民工月均收入2049元。外出打工在提高家庭收入的同时，也瓦解了农村"男耕女织"的传统生活方式。受户籍、住房、教育等约束，打工农民要携家带口在城市立足并非易事。所以，许多农民工不得不把家人留在农村，自己单枪匹马到城市闯荡。由此，农村便形成了一个以妇女、儿童和老人为主体的留守群体，他们被称为"386199部队"，其中"38"指的是妇女，"61"指的是儿童，"99"指的是老人。我国农村目前有4700万留守妇女，5800万留守儿童和4000万留守老人。在这种背景下，"空心村"大量出现并严重制约了中国农业和农村发展。

　　"空心村"可分为地理意义上的空心村和经济意义上的空心村。从空间上说，空心村是指农村在新建住宅的过程中，由于村庄规划严重滞后等原因，农村居民点用地不能合理、有效地利用。新建住宅大部分都集中在村庄外围，而村庄内却存在大量空闲宅基地和旧房老屋、残墙断壁，从而形成一种外实内空、外新内旧的特殊结构布局的农村聚落形态。经济上的空心村是指随着我国城市化和工业化的推进，大量农村青壮年涌入城市打工，使得留在农村的人口都是老人、妇女和儿童，因其农村常住人口有如大树之空心，故得名"空心村"。无论何种意义上的空心村，都是在我国城市化和农村现代化过程在农村层面的表现。它与现代化、城市化相伴而生，也是我国城市化快速推进和社会转型的必然结果。

　　农村空心化究竟带来了什么样的后果？怎样面对"农村空心化"所带来的挑战？应当引起决策者和全社会的高度关注。

直面农村空心化

2011年，一张《弟弟要睡了》的照片在1小时内被上千网友转发，许多人称感动得想哭。照片记录的是在湖南凤凰县山江镇好友村小学课堂上，因为小弟弟闹困，正在听课的姐姐急忙抱起他，其实她自己也很困了。拍摄者称，女童的父母外出打工了，爷爷奶奶要干农活，所以女童带着弟弟上课，因为营养跟不上，小男孩的头看起来比较大。

但凡上了点年纪的人，都会对照片中的场景颇为熟稔。在农村，以大带小是最常见的，今天的独生子女很难想象，穷人的孩子早当家。

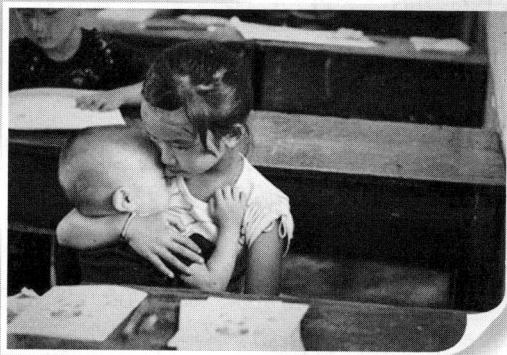

图1 弟弟要睡了

不是穷人的孩子想早当家，是他们不得不当家，他们稚嫩的肩膀不得不过早承担生活的重负。照片背后，有令人黯然的社会问题。

其一，谁来呵护这些留守儿童？姐姐和弟弟都是留守儿童，他们没人照顾，因为父母外出打工了，爷爷奶奶干农活了。我国留守儿童多达5800多万，他们普遍存在学业失教、生活失助、亲情失落、心理失衡、安全失保等问题。

其二，谁来照顾留守老人？姐姐带弟弟上学，同样留守村庄的爷爷奶奶也没闲着，老迈之躯，仍得下地劳作，令人不忍。此前新华社报道，山东潍坊青州市庙子镇杨集安村，原本140多人的村子，如今就剩下10个老人，年龄最大的80岁，最小的68岁。农村的留守老人，也是天文数字。留守儿童需要照顾，留守老人同样需要关照，谁来帮他们一把？

其三，如何破解落后地区的贫困难题？从孩子的衣着、学校的书桌看，当地经济一定不发达。我国还有不少地方很穷，正是为了生计，不少农民不得不挥别父母和孩子，到城市打工。这些地方如何尽快脱贫？

《弟弟要睡了》是缩影，是隐喻，也是叩问。它展示了农村空心化的冷酷现实。农村空心化的背后，有着诸多体制性难题，如户籍困局、社会保障不完善等。破解农村空心化，既需要大刀阔斧地制度推进，也需要一时一地的个案推动。

农村空心化与前景堪忧的农业

一边是工业化和城镇化，另一边是种粮比较效益下降，影响种粮农民收入增加。近年来，为了提高农民的种粮积极性，国家陆续出台了一系列支农、惠农政策，免除农业税，发放粮食直补、良种补贴、农机补贴，实行粮食最低收购价政策等，有力促进了粮食生产。据国家统计局网站消息，2011年全国粮食总产量达到57121万吨，创造了新的历史纪录，比2010年增产2473万吨，增长4.5%。人均家庭经营第一产业纯收入2520元，增加289元，增长12.9%。收成好、价格高是农业收入保持较快增长的主要原因。

然而这一切并未能从根本上留住年轻农民外出的脚步，无法让他们种粮的心"踏实"下来。情况何以如此，主要是农业生产，尤其是种粮比较效益偏低。一位基层农技推广人员回忆说，过去，农村种地的主要是青壮年劳动力，农民的收入主要是种地，青年人对农业生产很重视，对新技术接受能力较强，因而新技术推广起来比较顺利。但近年来由于种粮效益低，大部分青壮年外出搞劳务，打工收入已成为很多农村家庭的主要收入来源。留守在农村的妇女、老人成了主要种地者，这部分劳动力多数文化素质不高，且受传统观念影响，接受新事物较慢，对运用新技术缺乏热情，致使新技术推广难度明显加大。据国土资源部的调查，我国每年撂荒的耕地有近3000万亩，缺乏劳动力是主要原因。

农村劳动力之所以有"空心化"现象，原因就在于，尽管种粮农民能拿到国家补贴，但从总体上看，种粮的收益还是低于外出打工所得，而且随着农药、化肥等农资产品价格上涨、人工费用增加等因素影响，今后粮食生产成本还将呈逐步上升趋势。种粮发不了财，这就使得很多青壮劳动力不安心待在农田里。与种粮收益低形成鲜明对比的是，务工收入已成为当前农民的主要现金来源。

国家统计局发布消息，2011年全国农村居民人均工资性收入2963元，同比增加532元，增长21.9%。工资性收入对全年农村居民增收的贡献率达50.3%。工资性收入占农村居民纯收入的比重达42.5%，同比提高1.4个百分点。工资性收入快速增长主要是由于农民工工资水平上涨较多。外面世界的精彩、收入的增加，带来农村劳动力转移就业规模的持续扩大。精壮劳动力大量转移，田里由中老年农民当家，对种植业产生了明显影响："省事田"、"懒人田"随处可见。过去种田是绿肥铺底，农家肥当家，如今绿肥不见，化肥当家，田地越来越瘦。中国老龄科学中心的一项调查指出，我国农村60~64岁的老人中，有62.7%的人从事农业生产；65~69岁的老人中，有47.6%的人从事农业生产；即使是70~74岁的农村老年人中，也还有29.2%的人在从事农业生产。

专家提出，"十二五"时期是我国加快发展现代农业的黄金机遇期。国际经验表明，农业现代化程度越高，对农业从业人员的素质要求越高。而农村青壮年劳动力大多外出务工，导致农业劳动力素质下降，留守的劳动力接受新知识、新技术的能力相对偏弱，劳动技能提高难度大，影响粮食新品种和配套栽培技术的推广应用，制约粮食科技水平的提升。另外，国家发改委在《全国新增1000亿斤粮食生产能力规划（2009~2020年）》上坦承，随着农资价格上涨、人工费用增加，今后粮食生产成本呈逐步上升的趋势，而粮食价格涨幅低于成本增幅，种粮比较效益长期偏低，不利于保护和调动农民种粮积极性，一些地区已出现粮食生产口粮化、兼业化势头，影响未来粮食的增产潜力。

案例

1. 江苏：农民增产不增收，农村劳动力空心化

2010年7月6日下午，气温30摄氏度以上，在盐城市龙冈镇凤凰桥

下的码头上，7~8辆时风三轮农用车和小型卡车依次排开，等着将小麦、稻谷装运到粮食经纪人的运粮船上，一位来自龙冈镇万家村的仇姓中年妇女告诉《第一财经日报》的记者，家里的小麦都卖掉了，每斤0.98元，比去年每斤高了约0.1元，但收入并没有增加，因为减产严重。盐城一位国有粮食储备库的负责人说："今年由于倒春寒，减产比较严重，整个盐城地区小麦减产两成左右。"当地一家大型粮食加工企业的负责人也做出了小麦减产两成的判断，这也是价格上涨农民收入未见增加的主要原因。

而与减产相比，让决策部门更忧心的是农村劳动力的空心化。

夏日午后的盐城市新界村，除了间或传来机动车引擎的发动声，整个村庄悄无声息，几乎家家大门紧闭。新界村被通榆运河和新洋港两条河环绕，在盐城市正北方，灌溉便利，平均每亩小麦产量超过1000斤，新界村党总支书记薛松对记者表示，新界村2010年小麦种植面积1100亩左右，与往年持平，在小麦价格上涨的情况下，平均一亩小麦带来的净收入有550~600元。这一收入在盐城已属于高收入。盐城粮食系统的一位官员评估当地平均每亩小麦给农民带来的净收入只有200~300元，而一位粮库负责人则对记者表示，农民每亩小麦的净收入不超过250元，因为化肥、农药、种子等农资的价格涨幅也不小。但即使是高收入也没能留住新界村的壮劳力，薛松说新界村全部人口2056人，目前村里仅留有600~700人，主要是老人、妇女和小孩，壮劳力不多，种地的基本上45岁以上的人居多，人均一亩地不到，一家最多4亩地，种地大户也只有十多亩地，不过种地只是为了口粮，家庭收入主要还是靠外出打工。

一位粮食系统的官员对记者说，一个农村劳动力如果到城里打工，即便是到建筑工地上做小工，一个月的工资也可以拿到1000多元，种一亩小麦的收入只有不到300元，他说："粮食价格上涨是好事，不然农民不愿意种。但是房价这几年上涨了多少？而小麦价格这几年才从每斤0.7元涨到现在的1元，涨幅还不到50%；水稻价格去年每斤1.08元，今年最高每斤1.4元，涨幅也才30%"。

2. 四川：山村成为空心村，63人村民小组仅剩7人

四川省仪陇县五福镇笋店村地处川东北丘陵地区，是典型的传统

农区。9月8日，《经济参考报》记者从仪陇县城驱车30多公里赶到笋店村第8村民小组组长王顺中的家。老王的妻子已经去世，尚未成家的小儿子在仪陇县城打工，如今，59岁的老王和大儿子王猛一家4口人居住在这里。笋店村全村1290人，常年离乡外出人员达到660人，有1/3的家庭举家外出。该村第8村民小组，原有19户村民63人，现在仅余3户人家7口人留守农村，"空心村"现象十分突出。他说，现在全组除他和大儿子两家外，就只有他的亲家杨成中老两口了。杨成中夫妇原来也在城里打工，去年妻子生病，只好回乡休养。全组其他人家已经好几年没回来过了，全部在外打工或随子女在城里生活。

据村支书漆华明介绍，笋店村没有企业带动，没有矿产资源可开发，产业以传统农业为主。现在种田利润很薄，村民们想改善生活只能选择外出务工。他给记者算了一笔账：笋店村人均土地面积一亩多点，现在种一亩水稻一般年产1000市斤，收入1000来元，扣去农膜、种子、化肥、农药、人工等各类成本700多元，不算自己的劳力成本，年份好的时候，辛苦一年可赚个两三百元。而在外打工，每年净收入上万元没问题。漆华明教书出身，在当地文化程度较高。他说，农村劳动力向城市大规模转移是社会发展趋势，政府也鼓励，但也带来农村缺少青壮劳力，影响正常的粮食生产和农田水利建设等问题。

现在，留在农村的都是老弱病残，下地种田的全是60岁以上的老人。由于年老体弱，村委会再怎么号召，他们也很难把外出人家撂荒的田地全部种起来，只能挑一些离家近点，自然条件好些的连片地种庄稼，种点粮食自己吃。至于冬修水利，整理农田，改善土壤这些活儿，村里现在基本找不到人做，顾不过来了。仪陇县委书记杨建华说，笋店村这样的农村空心化问题，普遍存在于像仪陇这样的西部农村劳动力输出集中地，它从一个侧面反映了当前农村社会在城市化、工业化冲击下出现的一些新情况、新问题，提出了农村经济发展方式转变，不断创新农村社会管理的新课题，值得认真思考对待，如此才能使我国的现代化进程走得更加平稳。

3. 山西：大量农村人口外流

农村人口大量外流已成为山西省当前三农问题的突出现象。山西省永和县赵家沟村户籍人口数234口人，在村常住约130人，基本上就是老年人和儿童。赵家沟村目前的2500多亩耕地中，还很少有撂荒的现象，但是前景不容乐观。

一是目前种玉米、核桃等的主要劳动力都是60岁左右的农民。纯朴的农民大叔大娘，出于对土地和耕种的自然感情依然坚守耕作，但是现在每人平均要经营20~30亩耕地，劳动力严重"超负荷运转"。

二是种田辛苦而收入少。该村农民基本上早上5点起来下地，晚上8点回来，带着干粮和水，栉风沐雨，锄禾日当午，有的田地在5公里以外，有时候就要在地里过夜；据农户介绍，一年收获玉米约3万斤，销售收入3万元，种子化肥等成本投入1.3万元，如果计算上每天的劳动力成本70~80元，一年到头净收益率很低。

三是目前农村已经出现种粮的农民不足。再过5~10年，这些老人无法劳作之时，种粮主产区的劳动力将后继无人，据调查了解，青壮劳力由于种地纯收入太低、种地条件太苦和不体面而不愿回村耕种，青年一代农民"打工越来越成为农民收入增加和谋生的主要办法"、"城乡流动、迁移并定居城市日渐成为农民的最高理想"，即使他们在外务工遭遇困境返村，由于务农经验严重缺乏，也成不了合格的农民。

四是土地流转在制度上和实践上都还不成熟。加上种地的低利润率，社会资本进入正常闲置土地进行耕种的积极性并不高。

各地农村探索与实践

1. 安徽省六安市"留守儿童之家"让山娃娃茁壮成长

六安市是传统劳务输出大市，全市常年外出务工达160多万人次。近年来，该市将留守儿童之家建设列为民生工程，多举措并举关爱留守学生，这其中有许多动人故事，有笑有泪，有快乐有悲伤，有无奈有思念，有爱有希望。

小食堂解决大问题。干净整洁的瓷砖墙面，飘着阵阵饭香的灶台，靠着墙壁一字排开的是消毒柜、冰柜、碗柜、保温水箱……这可不是哪个酒店的厨房，而是金寨县梅山镇马店小学的学校食堂后厨。这个厨房是由政府拨款30多万元配置的，虽不大，却设施齐备，解决了留守学生吃饭难的问题。

几年前，留守学生说起吃饭，提到最多的是方便面。他们的父母外出打工，而祖父母辈常常要下地干活，吃上一顿热菜热饭有时候也成了奢望。现在，这些留守学生不仅有了卫生干净的校厨房，还有了明亮温馨的校餐厅。在与儿街中心学校，记者看到这样一幕：放学铃响起，二年级的学生人手一个饭碗走出教室，在教师的组织下排着队向食堂走去。食堂里，热气腾腾的饭菜正等着他们。虽然菜都是家常菜，但孩子们捧着小碗吃得津津有味。小食堂解决了大问题，孩子们在寒冷的冬日吃上了热腾腾的饭菜。在他们心中，这些饭菜或许比任何山珍海味都要美味，而在远方他们父母的心里，这个简陋的小食堂，或许正是他们心中温暖的所在。

学生喜欢"代管家长"。记者走访了各县区很多学校，这些学校的留守儿童比例大多占30%左右。多数学校都有了学生宿舍，虽然各地条件有差异，有新盖的标准化宿舍，也有用简陋的办公室改造的宿舍，但留守儿童再不用独自留在家中。在霍山县下符桥中心学校，一名留守学生告诉记者，他的父母都在杭州打工，但他们很放心，因为他不但住进了学校的宿舍楼，还和他喜欢的体育老师同一个宿舍。这是该校在寄宿制上的创新之处：让住校的年轻教师和学生同寝同食，成为孩子们的"代管家长"。与留守学生同住，既拉近了教师与学生的距离，也让教师更好地担当留守学生生活和心理上的"家长"。

小小电波传递远方亲情。近几年，六安市一些学校开始关注留守学生的心理与情感需求，以学校为中心的心理干预工作已在六安全市范围内蓬勃开展。在霍山、金安、金寨、裕安，所有建设了留守儿童之家的学校都安装了亲情电话。霍邱县宋店小学一名留守学生告诉记者，通过亲情电话，她的父母能保持隔天一个电话的频率与她交流，这让她觉得父母就在自己身边，父母也能及时了解她的学习和生活。在霍山和霍邱的一些学校，记者还看到了学校根据本校留守学生名册发出的《给家长的一封信》，信里详细说明了春节前后召开家长会的时间和注意事项。在每个学期开始，各学校都会发这样的信到家长的手里。小小的一封信连接了家长和学校，两边的心汇聚成温暖的爱，牵系的是留在家乡的孩子们。

2. 安徽谯城："四项措施"为空心村"美丽瘦身"

安徽省亳州市谯城区现有人口138万，耕地13.5万公顷，由于过去没有村庄布点建设规划，农村建房无序，外延扩张，形成了大量"空心村"。不仅毁坏大量耕地，而且许多老宅基、自留地被闲置，造成极大浪费。为科学利用土地，谯城区采取"四项措施"：严查违法用地；搞好土地复垦；做好土地置换；加大新村规划和建设力度，取得了初步成效，全区"空心村"瘦身216.7公顷。

查防并举外部"消炎去肿"。谯城区政府下发了《谯城区2009年耕地和基本农田保护实施方案》，区政府主要负责人与各乡镇一把手签订了基本农田保护责任书，层层落实责任，严查占路、占沟、占用耕地等各类土地违法案件；建立区、乡（镇）、村三级执法监察网络，做到土地违法案件"早发现、早制止、早上报、早查处"；立案查处重大（典型）土地违法案件，谯城区国土资源局与区纪委监察局、区法院联合办案，对案件涉及的党员干部进行严肃处理。截至2010年，全区共查处土地违法案件48件，涉及违法占地81.275亩。其中恢复治理8宗，38.775亩；没收新建建筑物12宗，19.74亩；拆除建筑物的23宗，19.26亩；买卖土地的5宗，3.5亩。有5人被追究党纪、政纪处分，有效打击违法建房。

土地复垦内部"抽脂收身"。为节约建设用地，结合新村建设，谯城区2009年土地复垦置换工作围绕全区34个试点新村进行。坚持建设一户，拆掉一户，复垦一户。并对村中老宅基、废闲地加大土地复垦整理项目力度，严把土地复垦质量关。全部恢复成可耕地。截至目前，谯城区共完成土地复垦整理项目44个，总面积236.1982公顷，增加有效耕地面

积216.7431公顷。另外谯城区还加速实施大杨、芦庙两个国家土地整理项目，目前，大杨镇土地整理项目完成项目区配套设施总工程量的93%，拆迁工作完成总量的75%；芦庙镇土地整理项目完成项目区配套设施总工程量的91%，拆迁工作完成总量的96%。

科学谋划"巧塑身段"。谯城区在新村规划中，坚持尊重民意，发放《致农民朋友的一封信》和《征求意见表》30万份，广泛征求群众意见，并与安徽省规划设计研究院合作，制定合理规划，精心选点，科学布局；依托现有规模较大的中心村，按城镇社区型、旧村整治型村庄、改造扩建型村庄、异地新建型村庄等建设方式，加强中心村建设，依照先中心村后基层村的原则，一个行政村先规划一个中心村，适量带动一至两个基层村。引导小村向中心村、集镇集聚；中心村人口规模要在1500人以上，原有小集镇规划成社区，人口要求5000人以上，合并200人以下的小村庄；以村庄布点为基础，做好道路、供电、供水、农村中小学基础设施配套等，把现有资源达到最佳配置，统筹兼顾，科学发展。目前谯城区新村布点规划通过初审，共规划205个中心村，282个基层村，59个集镇社区，共计546个居民点，比现在的3245个基层村大幅度减少。

民生工程配套"精心妆扮"。新村建设是2012年区政府承诺的28项民生工程之一，区政府除强力推进这项工程外，还把2009年其他民生工程的各项指标积极向各乡镇新村点倾斜，搞好配套，大力实施供水、供电、幼儿园、小学、体育场、医务室、商业网点、公厕、垃圾处理站等基础设施建设。区政府向22个乡镇派驻22个新村建设工作组，做好跟踪指导、协调服务。各镇乡也成立新村建设领导小组，扎实推进新村规划建设工作。2009年谯城区新村规划审批通过的34个试点中心村，现在已开工20个，建成290户，在建318户，水泥路面已完成35037平方米，下水管道铺设4550米。目前，涉及新村建设的"村村通"工程已全面完成，安全饮水工程完成计划投资的90.9%，完成村级卫生室建设10个，在建35个，农民体育健身工程已完成8个，在建7个，农家书屋工程等正在全面实施之中。谯城区淝河镇大康村辖7个自然村，556户人家，规划后的新村占地由原来的1169.4亩，缩减到现在的250.5亩，不仅改善了农民的居住环境，还节约了

800多亩土地。据谯城区新村建设负责人介绍，该区新村规划期限至2020年，预计全区到时可节约土地26万多亩。

3. 浙江："往昔"空心村" 如今致富忙

宁海县县长褚银良说，宁海县过去是一个农业县，农民外出打工多，"空心村"现象比较突出。"农民要出去，核心问题是收入低。要解决'空心村'现象，就要从根子上解决农民增收问题，尤其是帮助农民在家门口走上致富路"。

旅游致富。宁波市宁海县桥头胡镇双林村党支书林光成说，村里有"浙东九寨沟"美称，但过去人穷环境乱，再好的美景也没人来。现在通过新农村建设美化了村容，政府还向有意开"农家乐"的农户每个房间补贴3000元装修费。目前，双林村已开了12户"农家乐"、200张床位，2012年跟上海旅游网签订了"保底合同"，每户"农家乐"每年可得到一笔"保底租金"，多赚的再跟旅游网分成。

勤劳致富。在宁海县力洋镇的海头村村两委办公楼对面，是一个占地约1亩的厂房，被当地称为"临时加工点"。有10来个妇女在这里工作。一个小男孩嚼着棒棒糖，安静地坐在母亲身边看着她用缝纫机。临时加工点的负责人胡奇伟说："由于是计件工资，所以尽管是假期，她们也会在做完家务后来上班。"力洋镇根据当地妇女学习缝纫的兴趣较浓、基础良好的特点，引导、鼓励妇女开办服装来料加工点。目前，镇内服装来料加工点已达到42家，近2000名农村留守妇女在各村加工点就业。形成了"村村设立来料加工点，户户都有妇女在就业"的景象。2012年上半年，全镇来料加工点产值近1.8亿元，发放加工费2200万元，在来料加工点加班的妇女人均年收入达20000元。

随着收入提高，环境美化，人与人之间的关系也越来越和谐，农村发展进入了良性循环。

邱建生

举社区之力

——台湾社区营造考察报告

晏阳初平民教育发展中心总干事，中国人民大学乡村建设中心副秘书长。

最近十几年，大陆城市关于社区的概念，已经深入人心了，甚至农村，也开始叫社区了。当然，只是城里人叫叫而已，其他的，一切如旧。社区是一个自治的概念，有共同体的味道，从这个意义上来说，实在是很有必要这么先叫起来的。

我们就是在这么一知半解、模棱两可的状态中，与台湾的社区营造相遇的。我们在那里体验了一种扑面而来的社区感，那种感觉令人印象深刻。

关于社区营造

社区营造的历史，可以追溯至上个世纪90年代初的日本，其时日本受长期经济低迷的影响，而有社区营造打造魅力新城乡的实践，名之曰"发现乡村之光"，即每一个乡村都有它独特的魅力，需要通过社区营造将之发现和弘扬起来，从而推动社区经济和文化的发展。

社区营造这个概念进入台湾后，吸引了政府、企业、社会各界大量人士的参与。

台湾社区营造缘于1994年由行政院提出的"台湾健康社区六星计划"，透过"产业发展、社福医疗、社区治安、人文教育、环境景观、环保生态"这6个面向的全面提升，以期打造一个安居乐业的"健康社区"。台湾社造强调"社区主义"，认为培养社区自己的营造人才、让社区自己来营造是最关键的。实际上，这和晏阳初当年提出的"开发民力、建设乡村"是一回事。

台湾政府推动的社区营造，其具体效果如何，因没有实地观摩，不敢评论。但透过台湾一些社会组织在若干社区的长期实践，让我看到了"坚持就是硬道理"，也看到了大陆乡村建设运动的未来。

让社区不再冷漠

此次台湾之行，桃米村的廖嘉展、颜新珠夫妇俩是最让我感动的，他们从上个世纪90年代初即夫唱妇随或妇唱夫随从台北回到了浦里农村，一晃20年过去，他们添了少许皱纹，笑容依旧，桃米村却不再依然，故乡的月亮已然变得更为明亮。

桃米村是"青蛙变王子"的一个典型。台湾9.21地震，让这里变得很惨，惨得没法说，也因此吸引了很多外界的关注，各种资源开始纷纷进来，要重建灾后的桃米。由于廖嘉展夫妇老早就落脚在这里了，这些资源自然就对接到他们这里。最关键的，谁可以长期扎根在社区并与社区共荣辱？

桃米的经验就两个字："坚持"。当然，只有坚持还是不够的，在坚持的基础上，讲究方法，也很重要。廖先生团队从带领桃米村民去发现"桃米之光"青蛙开始，培养社区的青蛙导游，在培训中加入人文方面的内容，形成初步的社区凝聚力，使社区逐步在生态环境保育、人文生态保育等方面达成共识，从而形成一个社区发展的良性循环：更好的环境，更好的人心，更好地吸引人，更好地增加社区收入。不管是民宿，还是各景点的设计，都凝聚了廖先生团队和社区居民的匠心：比如纸教堂里头的荷花田，田埂就不是笔直的，而是呈S型，另有一番美感；还有水塘，也不是方方正正，而是有弧线，有各种元素，适合不同物种生长。这里头除了专业，更重要的是匠心。有意思的是，在桃米的社区营造过程中，还形成了一个桃米村民组成的建筑施工队伍，除了桃米村各种景观工程的设计施工外，外地的也来请他们。

不知不觉间，桃米村自己独特的产业发展起来了，人们在保护环境的同时也可以发展家庭生计，甚至外出务工的乡亲和学子，也开始回到自己的家乡。正如绿屋民宿的主人、有"青蛙王子"美誉的邱福添所说："现在让儿子回来，一点也不亏待他。"建立在保护环境基础上的生计共同体，自然就可以把此前因为生存竞争关系形成的社区紧张给消弭掉，人心变得温柔起来，社区的冷漠状态也就融化了。今天，当你慢步在桃米，除了满目的绿，更有悦人的微笑。

举社区之力

与廖先生团队长期驻扎在社区不同，台湾社会发展学会在社区营造中则以培训和辅导见长，其工作手法是通过自上而下、自外而内的培训，长期的辅导，引发自下而上、自内而外的变革。其优势是可以在较大范围内展开社区营造计划。当然，其培训和辅导的资源，正是来自于如廖先生团队一般的长期实践。也许可以这么说，社会发展学会在社区营造方面，已进入推广阶段。

在社会发展学会秘书长林淯莹女士的带领下，我们参访了学会在台东县池上乡的福原社区发展项目，在这里，我们真切地体验到了一种社区的力量。

这种力量来自于福原社区发展协会的理事及成员们，他们身上的那股劲头，他们对社区营造的理解，他们的表达能力，他们的组织协调能力，都让我们啧啧不已。这些理事平常都有自己的工作，或上班，或种水稻，或兼业，只在业余时间来当志愿者从事协会的工作，接待我们，他们还得向单位请假。但正是他们的业余工作，让我看到了一种专业，那种从社区生发出来的专业，不管是接待，还是解说，或者PPT讲解，都是有条有理，头头是道。要知道，他们此前甚至是不敢上台的啊。福原还有一个由协会成员志愿组成的治安队，他们轮流值班，没有一分钱报酬。我心里头想，什么是社区营造人才？就是像他们这样的，有干劲，不计较个人得失，具备专业能力，又能团队协作。这样的人才是怎么发现和培养出来的？经了解，有以下两点原因。

一是政府在社区营造"社区主义"理念的引导下，真正把资源和资金开放给社区自己组织起来的民间机构，如福原社区发展协会，让这些机构写项目申请书，政府组织社会人士组成项目评审团，对这些项目进行审议，然后举行评选会议，让这些机构现场讲解，评委现场给分。大陆近些年各种基金会或企业向民间组织开放的资金申请项目，也是这样的程序。所不同的是，台湾"政府"的这些资源完全向最基层的机构开放，如村级的民间组织。实际上，项目书的准备过程，正是一个培力的过程。

二是有台湾社会发展学会这一类的社会组织的辅导。总体而言，城市的信息、人才、资金等资源的集中度远高于农村，这种立足于城市的组织在各方面的条件都优于农村的组织，在效率、专业以及热诚度上也优于政府组织，它们成为政府和农村组织的一个媒介，为农村组织提供长期的专业辅导，提升其理念，协助培养人才。

台湾社会发展学会在社区发展中扮演辅导员的角色，但抓住的却是社区发展的要害，即人才的培养。从技能到人文，只要与农民生产生活相关的，都在辅导之列。像福原铁匠铺里卖的纪念小刀等物品，社区公共空间里用稻穗做成的灯罩，相信就是这么辅导出来的。在给我们展示的众多民宿改造案例中，由开始300台币/晚，到后来5000台币/晚的房间，也是工作人员与村民"斗智斗勇"中"斗"出来的。

与人才培养相辅相成的，是学会在营造社区公共空间上的独具匠心。在福原，由协会自己盖起来的两处公共空间和保存下来的铁匠铺里，我们都看到学会在乡土文化保存上所做的努力。

把产业发展与社区人文和生态建设结合起来，举社区之力营造社区，廖先生团队、林淇莹团队以及社区志愿者持之以恒的努力，这是桃米村和福原社区告诉我们的。

理论思辨篇

人过留名，雁过留声。在历史长河中，逝者如斯夫，能留下自己名字的又有几人呢？为官一任，造福一方。也许以天下兴亡为己任的父母官们并无意青史留名，然而，他们每一份造福百姓的功德业绩都会被地方百姓铭记在心。

周 立

进步的迷信与发展的终结

中国人民大学农业与农村发展学院教授，清华大学国情研究中心管理科学与工程博士后，研究领域：中国国情分析、现代化进程、农业与农村可持续发展、世界经济与政治等。

自20世纪初以来，有一个主流意识形态在中国形成和发展，并逐渐获得了单一霸权地位，这就是进步主义。

伴随达尔文自然进化论、马克思社会进化论等理论在中国百年来的盛行，进步主义的话语逐渐与国家意识形态结合，并利用话语自增强机制，走上了自我强化道路。在20世纪末，其地位已经上升为单一霸权话语，也就是由国家政权推动的单一话语体系。之所以说是霸权话语，是因为它已经上升到无可置疑，甚至毋庸质疑，最后全社会也缺乏能力质疑的意识形态高度。进步主义的流行，与信仰进步、崇尚进化的西方自然科学和社会科学这两大主流理论在中国的流行有关，也与中国国家意识形态的强力推动和全民去意识形态化的自觉努力有关。

进步主义与三大霸权话语

进步主义在当前中国的表现，主要是三大主流话语：科学主义、市场主义和发展主义。这三大主流话语，都表现出对于进步的乐观。科学主义秉承至今仍处在学术假说阶段的自然进化论，认为科学会解决人类社会面临的诸多问题，正如解决了自然领域的诸多问题一样；市场主义则相信自动均衡的市场自发调节机制；发展主义则相信由低级到高级、由简单到复杂的社会进化理论。三大主流话语依据的理论，都建立在与其倡导的实证精神相悖的先验假说之上。由此，就组成了对进步的迷信。

2009年，作者在互联网上的搜索引擎"百度"发现，"科学"一词有

9380万个相关网页；"社会"有9660个相关网页；"市场""经济""发展""文化""人"这几个词，居然有10亿个相关网页的峰值，（10亿可能达到了百度设定的搜索结果的最高值），排在人们常用关键词的最前列；2010年，作者再次搜索，上述关键词出现的次数，全部达到了峰值。

　　这三大主流话语，只有科学主义的历史长一些，但也不过百年左右。按照汪晖在其《现代中国思想的兴起》四卷本之二《科学话语共同体》中的梳理，科学主义在中国形成话语共同体，肇端于1919年的五四运动；1949年后，科学的重要性被长时期地、无限制地放大，以至于"科学话语共同体"成为20世纪中国思想的核心主题。科学的地位，由一开始的理性主义启蒙角色——赛先生，逐渐上升为最高的知识形式。科学话语共同体已经进入国家的关键决策的权力中心，不再仅仅是一种话语实践，而是获得了绝对公理的地位，类似于笛卡尔首倡的基础主义认识论①，科学变成了唯一永恒真理、是非判断标准，或者直白地说，意图去魅的科学，在后期却脱离了实事求是的科学精神，走向了蒙昧主义，摇身一变为永恒真理的科学主义。主旨本来是认识世界手段的科学，却变成了改造世界、判断真伪的科学宗教。科学主义在中国之所以大行其道，并上升到科学迷信的地步，与20世纪中叶以来我国的计划经济等意识形态以及社会主义的表达有关。科学话语和意识形态的结盟，在自由主义者哈耶克的《社会主义与

----

　　① 笛卡尔首创了对于"科学"认识论的基础主义（foundationalism）和本体论的自然主义（naturalism）。其论点大体是：（1）科学是唯一的知识、永恒的真理。伦理的、美学的和神学的思想都将被科学的进步所排除。接受传统规范的唯一理由不过是，在我们在一切实践领域还没有足够的科学知识的限度内，按照传统规则和基于经验的作法来生活是慎重的。这一点最重要，以下各点可由此直接或间接地推演出来。（2）科学知识的确定性（certainty）在于它以主体中的明白清晰的观念为基础，这是知识的阿基米德点。（3）自然科学之所以是客观实在的正确表象，是由于科学方法的应用。它成了一切知识的标准和范例。（4）当一切知识都成为科学知识之日，就是一切人生问题（包括伦理道德问题）都得到解答之时。（5）所以科学是文化中最有价值的部分。见江天骥《科学主义和人本主义的关系问题》的综述。

科学》中，有比较深刻的阐述①。但是，当中国进入市场经济时代后，科学主义未能如哈耶克所期望的那样，出现自生自发秩序的制衡机制，反而伙同市场主义和发展主义等话语体系，在国家意识形态的推动下，更进一步地被强化为霸权话语。这恐怕是笃信自由市场，又在欧美文化环境下生长的哈耶克所无法预见的。

进步主义的另外两个主流话语——市场主义和发展主义，在中国形成主流话语，不过30年历史。

1978年以来的市场化改革，使得"市场"的作用被不断地强化，以至于成为改革开放、合理合法、社会进步的代名词。这也使得"市场"具有了毋庸置疑的"主义"特征。

现代意义上的"发展"一词，是20世纪50年代现代化理论兴起时才出现的，但现在却已成为现代话语的集中表达。如今，无论如何定义"发展"，我们都无法逃避一个事实：我们生活在一个以"发展"为中心的时代。虽然表述不尽一致，但"发展"已经成为每个人、每个地区、每个国家都关注的中心问题。以中国而论，近三十年来的发展带来了不平衡发展的结果，比如：在一定程度上强化了城乡差距、工农差距和地区差距。中国2000年以来推行的西部大开发政策，就是要调整十分悬殊的地区差距；连续十多年强调"三农"问题、民生问题的重要性，就是要调整城乡差距和工农差距。但是，所做的努力，都只是在发展主义的轨道上修修补补，

---

① 哈耶克（F.A.Hayek, 1899~1992）反对的科学主义，即是常被定义的"唯科学主义"，指的就是对科学的方法与语言奴性十足的模仿，哈耶克有时也将其称之为"工程师思维类型"。唯科学主义具有三大特征，即"客观主义""集体主义"与"历史主义"。按照美国路易威尔大学政治学教授华世平博士的分类，在1978~1989年之间，中国出现了三种形式的科学主义，即：唯物主义的科学主义（materialistic scientism）、技术决定论（technological determinism）、经验主义的科学主义（empirical scientism）。这是与西方分类有些不同。科技水平相对落后的社会主义国家，之所以形成科学主义的思潮，一方面与马克思主义经典作家强调科学技术有关；另一方面与意识形态偏好有关。哈耶克指出："传统的社会主义以不同的方式和科学联系在一起。其次，还有一种由自然科学训练出来的无可否认的精神嗜好，就像工程师的嗜好一样，它更喜欢精心创造出来的那种井然有序的安排，而不是自发形成的结果。这是一种很有影响的普遍态度，经常把知识分子引向传统的社会主义方案。这是一种广泛而重要的现象，对政治思想的发展产生了深刻的影响。"（见哈耶克《社会主义与科学》，转引自哈耶克《经济、科学与政治》冯克利译，江苏人民出版社2000年版，253页）从这个意义上说，在社会主义的语境下，产生唯物主义的科学主义应该是一种必然，因为全面计划的实施，在客观上也需要科学主义的支持。

发展主义的霸权地位，丝毫未受影响。三大主流话语的正统地位得到了重申。当然，在这三大主流话语背后，是更为深层的国家意识形态，比如"民族主义"和"国家主义"等。在"民族复兴"、"中国崛起"等伟大历史使命感召下，"爱国主义"、"民族主义"，常常成为达成集体行动的工具性表达。

发展与"被发展"

对于发展主义与发展终结的讨论，需要放置在求真和求善的认识座标之下。如果不求真，学习的目的就丧失了。如果不求善，学习之后的用处也就值得怀疑了。在这一认识座标之下，我们来看当今世界的两大主题：和平与发展。

目前，我们的确生活在一个看来是和平与发展的时代。但是，有人调查过中国的历史，在有资料记载的中国5000年历史进程中，真正没有战争没有饥荒的时间，不过300多年。我们很幸运，正好处在这样一个没有战争和没有饥荒的时期。但总体而言，这一时期与其说是一个实践，不如说是一个梦想。毕竟，在这个世界上，表达是一回事，实践却是另外一回事，表达与实践常常存在着背离。第二次世界大战的惨烈结束，使得世界相对消停了30年，之所以说相对消停，因为还有一些局部战争，比如与中国相关的战争，至少有三个，第一个是1945~1949年的国共两党战争；第二个是1950~1953年的抗美援朝战争；第三个是自1970年代末一直延续到1980年代中后期的中越战争。因此，虽然没有了全人类共同参与的世界性大战，但战争一直没有消亡。

在当今号称和平与发展的时代，我们仍然可以看到很多战争。中东、北非、拉美等很多地方，依然进行着传统意义上的战争。而且，比这种传统战争更加隐蔽的现代战争，天天都在我们身边发生。比如，至少还有三大战争——货币战争、石油战争和粮食战争一直存在着。粮食战争这个概念，已在政策界、互联网和社会观念中，被人们广泛接受。2009年围绕着转基因主粮商品化的争论，基因战争也进入了人们的视野。因此，可以说，一场又一场没有硝烟的战争一直没有停息。这种战争，在国家军事和安全部门那里，被描述为非传统战争，不动用枪炮等传统武器，但事实上，这些战争却更加是常规战争，时时刻刻存在，又具有超出传统战争的隐蔽性和杀伤力。除了上述三大战争外，还有水战争、信息战争等等。

　　不仅是战争，饥荒也在我们身边存在。2009年11月中下旬的世界粮食安全首脑会议上，世界粮农组织总干事雅克·迪乌夫和联合国秘书长潘基文联合绝食一天，绝食的原因是世界上还有10.2亿人生活在饥饿的边缘，这一数字，接近全球人口的1/6！在世界粮食连年过剩的背景下，还有1/6的人口吃不饱穿不暖，这的确具有讽刺意味。更何况，在这个笃信进步的时代，面对饥饿人口绝对数量和相对数量都在增长的事实，很多发达国家和诸多国际组织却拒绝做出相应的行动！联合国的千年发展目标说，要在2020年消除饥饿。不客气地说，这只是一个幻想。实际情况是，近些年饥饿人口每年还在以1亿~2亿人的速度增加。一方面，我们看到，绝大多数国家经济都在增长，蛋糕在做大；但另一方面，收入分配严重不均，许多人分到的蛋糕，从相对数量到绝对数量，都越来越少，以至于出现了很多名词，比如负增长、恶增长、被增长等。"负增长"说的是我们拒绝说减少、倒退等词，所以将降低或减少表述为"负增长"。"恶增长"指的是财富虽然增长了，但这种增长却是以预支子孙后代的发展资源为代价，以破坏生态环境为代价，以其他部门的损失为代价，是恶性增长，就像强盗口袋里多出来的钱，不是劳动挣来的，而是抢了别人的。至于"被增长"，说的是每年经济在增长、收入在增长，但很多人仔细数了数自己的口袋，发现自己的那一份并没有增长，只是统计数字告诉你增长了，因为平均数增长了，自己是"被增长"了。在发展主义的霸权话语体系下，我们也只能调侃自己——"被发展"了。

　　所以，我们如果有求真和求善的心，就会在和平与发展的表达背后，看到战争和饥荒的实践。

　　由上可见，在一个笃信进步的时代，发展就等于进步，发展就是一个进步过程，是一个单向度的由低级到高级、由简单到复杂的过程。但我们却又知道一个基本常识：一个平衡的系统，不可能是单向度的；一个单向度的系统，无法构成一个平衡系统，这是物理学的正反馈和负反馈理论告诉我们的。就社会系统而言，如果一个系统没有制衡机制和纠错机制，那就不可能是稳定的。

在此背景下，我们可以展开一个关于发展主义与发展的终结讨论。

人类历史的终结论与发展主义的尽头

依照发展的终结这个主题，我们可以回顾一下有关人类历史的表述。

一直以来，我们笃信进步，笃信发展。但马尔库塞（Herbert Marcuse，1889~1979年），却会让我们对这个世界简单进化的思想产生质疑。在《单向度的人》这本书里，马尔库塞通过对政治、生活、思想、文化、语言等领域的分析、批判，指出发达工业社会是如何成功地压制了人们内心中的否定性、批判性、超越性的向度，使这个社会成为单向度的社会，而生活于其中的人，就成了单向度的人，这种人丧失了自由和创造力，不再想象或追求与现实生活不同的另一种生活。由单向度的人所组成的单向度的社会，是我们憧憬现代化美好图景的底色。

由《单向度的人》做进一步的思考，我们所追求的现代生活，实质上是被资本控制的，所谓的自由与幸福，是资本灌输给人类社会的一套制式话语，实质上只是将每一个现代人标准化为生产机器上的一颗螺丝钉，和消费机器上的一只永难餍足的漏底袋。在现代社会中，每个人被外面纷至沓来的思潮、各种各样便利的享乐以及一整套现代化系统控制着。每个人自以为自由，实际上不自由。社会性质表面上民主，实际上极权。身处其中的人，丧失了对否定、批判和超越的自由与向往，不再寻求革命。马尔库塞是一个西方马克思主义者，所以他继承了马克思的异化思想：人被异化了。因为人在自己所创造的物面前，越来越被动，丧失了主动性，丧失了选择权，丧失了对于物的控制权。人类创造了货币，却被货币所控制；人类创造了机器，却被机器所奴役；人类创造了现代生活方式，却被现代生活方式洗脑，乖乖做了资本的生产机器和消费机器。

弗洛姆（Erich Fromm，1900~1980年）的《逃避自由》，则会让人们进一步探究人类心理趋向的底层原因。在《逃避自由》中，弗洛姆分析了纳粹运动在德国的兴起。他认为希特勒提供了一个施虐—受虐性格的典型例子。与弗洛伊德的理解不同，弗洛姆的虐待症概念并不特别涉及性，虐待症在本质上只是一种致人痛苦的欲望。施虐狂旨在用破坏性的方式支配、控制一个人，使之痛苦，成为意志下无可自助的人，并从中获取快乐。与之对照，受虐狂旨在屈从于他人，渴求被支配、被控制。正如弗洛姆所观察到的，施虐症与受虐症，在表面上看上去相反，但实则却是一体的两面，密不可分；施虐与受虐往往统一于同一个人身上。对这种施虐—受虐性格，弗洛姆又称之为独裁主义性格。

用弗洛姆的话说："独裁主义性格的实质一直被看做虐待狂和受虐狂冲动的同时并存。"这种性格的人对位于其上的人躬腰弯背，对位于其下的人脚踏蹄蹭。他既需要统治他人，同时又具有一种先天的服从性。这类人所钦佩的唯一东西是力量。他赞美有力量的人，崇尚强权，向强权屈服。他厌恶软弱，蔑视无权者。对那些没有力量或权力，不能反击的人，他轻视，想控制他们。因此，追逐权力，往往是施虐—受虐狂的一个典型特征。这正好可以解释希特勒的权力欲、征服欲及他大量的政治行为。此外，希特勒在他的文字与演说中，也经常表露出一种想控制力量薄弱的人的施虐欲望。那么，如何理解希特勒的受虐倾向呢？弗洛姆认为，希特勒的受虐渴望表现在他服从上帝、命运、必然、历史、自然等高一级的权力上。"所有这些词对希特勒具有同一意义，一种压倒一切的强权的象征。"在希特勒自己看来，至高的权力不是他，而是命运，是进化律。这种屈服的需要，深探根植在他的受虐性格中。

应该说，弗洛姆通过这本成名之作，解剖了人类对于责任的逃避心理。如同中国的成语"叶公好龙"一般，表面上追求自由，实际上却逃避自由。每个人表面都说，我要追求自由，但是实际上几乎每个人都不想承担自由的代价——责任。在真正的自由面前，人们要做出选择，要为选择负责任。人们不愿意负责任，就宁愿让别人来为我做出选择，我只要跟着这个选择的方向走，即使出现问题，责任也会转嫁给别人。这种心理，源自《创世记》中亚当和夏娃偷吃禁果后的相互诿过。在逃避自由的解释框架下，弗洛姆分析了纳粹力量为何在德国兴起，分析了希特勒的施虐和被虐情结。希特勒一方面有施虐的思想，把自己的意志强加给别人；在另外一方面他又有一种被虐的思想，在他不能控制的事物面前，他表现出被虐的倾向。德国人民也呈现出同样的倾向，既然希特勒愿意带领大家走国家社会主义的道路，我们为什么还要苦苦挣扎？跟着希特勒走就行了。于是，地球上似乎最具有自由、民主和理性思想的德国人，从总体上也选择了逃避自由。这是弗洛姆提供的两次世界大战爆发的心理学解释。这种解释也能引发我们思考中国"文革"时期的所谓集体无意识行为，同样也可以思考进步主义话语体系下每个人对于主流话语的服从。在追求自由、民主、平等、幸福等美好目标的背后，我们可能走向了目标的反面。人类的表达和人类的实践，常常有一定距离。换句老话，说的是一套，做的是一套，说的和做的结合起来，又会是另外一套。

如果我们把视野在扩大到人类共同认可的典籍之上，我们就更能认识进步主义只是一个近代流行的迷信，发展不会一直持续下去。

回顾各大宗教信仰的典籍与文明体系的表达，都难以找到这种对于发展的迷信。我们可以从佛教经典开始谈起。

佛教将释迦牟尼灭度后的人类历史，划分为三个时代：正法时代、像法时代、末法时代。《大正藏》有载《佛说占察善恶业报经》，亦简称"占察经"，对末法五浊恶世，籍坚净信菩萨。

如佛先说，若我去世，正法灭后，像法向尽，及入末世，如是之时，众生福薄，多诸衰恼，国土数乱，灾害频起，种种厄难，怖惧逼扰。我诸弟子，失其善念，唯长贪嗔嫉妒我慢，设有像似行善法者，但求世间利养名称，以之为主，不能专心修出要法。尔时众生，睹世灾乱，心常怯弱，忧畏己身及诸亲属，不得衣食，充养躯命，以如此等众多障碍因缘故，于佛法中钝根少信，得道者极少，乃至渐渐于三乘中，信心成就者，亦复甚鲜。所有修学世间禅定，发诸通业，自知宿命者，次转无有。如是于后，入末法中，经久得道，获信禅定通业等，一切全无。

　　在末法时代，人们开始崇拜各种假的偶像，比如雕刻出来的泥塑木雕，而不愿意去崇尚真正的佛法。现在吃斋念佛的人，都是对着泥塑木雕叩拜，这不是释迦牟尼的原意。据传，释迦牟尼出生时，以手指天曰：天上地下，唯我独尊。死的时候，又留下来译成中文的四个字：不立文字。他清楚地知道，文字会曲解他的原意。但是，他死后50年，弟子们就开始系统整理他的言语文字，集成原始佛经，后来又不断有新的高僧大德，著书立说，最终，形成了几乎无人能够读完的"经、律、论"三藏。应该说，释迦牟尼的嘱咐，存在着悖论，文字对于后代是很有必要的，若不通过文字，释迦牟尼可能早已被人遗忘。所以，不立文字的诫命，很快就被广传佛法的现实需要突破了。之后，更多问题出现了。不仅仅是立文字的问题，人们把释迦牟尼的画像，以及毛发、牙齿、骨头等遗物，或自认为的舍利、雕像、遗物等，奉为至宝，加以膜拜，甚至取利，这是释迦牟尼极力反对的。作者在《人的尽头神的开始》的一篇福音见证里，曾对此做过如下描述。

　　就其起源说，佛教是彻底的无神论，佛的本意不过是"觉者"，即"觉悟的人"，在"诸法无我、诸行无常"的释迦牟尼的原始教义下，弃绝任何的崇拜与偶像，甚至连文字都会歪曲其意（即"不立文字"），佛教护法阿育王(即阿恕伽王Asoka)在位时，听到外道尼干陀人画佛像，竟在"一日中杀万八千尼干陀子于花子城"[①]。原始佛教和大乘佛教共同认可的经典——《金刚经》，也专门讲到释迦牟尼（即世尊）所说偈言"若以色见我，以音声求我，是人行邪道，不能见如来"。后来的佛像及其祭拜，竟然先是希腊人，后是亚细亚人、中国人、东南亚人等相继塑造出来的，神佛鬼魔的数目渐渐增多如恒河沙数，漫天神佛，变成了多佛多菩萨、多神多鬼的彻底多神教。在偶像与香火背后，佛教的本来面目还有几分，敬拜的对象为何方神圣，实在不可知。

　　对于"觉悟的人"的有限性，这篇见证中也有如下阐述。

　　我认为，佛教达到了人类依靠自己智慧探索宇宙人生的终极。佛字梵

[①] 见佛经《阿育王传第二阿恕伽王第本缘》。

文为Buddha，原义为"觉者"，早期佛经如《杂阿含经》卷四云："明知所了知，所修应已修，应断悉已断，是故名为佛。"又大乘佛教论著如大智度论云："佛名为觉，于一切无明睡眠中最初觉故，名为觉。"因此，不论小乘大乘，均不以佛为一种神秘莫测的超自然神灵，却只是一个觉悟了的人，这是佛教原本的朴实性。可是后来的一大堆泥塑木雕以及各类法师僧众等，将其神化和外在化了。但无论怎样，佛教都只能是人类以有限的知识所得，试图去求证无限的宇宙人生的终极解释，其结果可想而知。实际上，世间学问对造物主的测度，不知比蚂蚁理解人类，还要难上多少倍。反倒孔子以"不语怪力乱神"、"敬鬼神而远之"的态度，明智地划分了人类智慧的界限。老子以"道可道，非常道"的超然，也明确表明了真正的"道"，非人的言语智慧所能形容。

无论怎样，这样的一个末法时代，在佛教信仰体系下，是早就预言，并坚信终将来到的。佛教本身的发展，就在见证这样一个时代的来临。本来，任何偶像崇拜都歪曲了释迦牟尼本意。但后来种种的偶像、跪拜、僧迦、摩顶等等现象，与释迦本意，已相形渐远，以至于无了。

我们可以进一步考察《圣经》的表述。在《圣经》中的许多经卷，比如旧约的《创世记》《以赛亚书》《以西结书》《但以理书》《撒迦利亚书》等，集中表达了人类历史中罪的蔓延与恶的泛滥，阐述了末世观和对弥赛亚的期待。新约的《马太福音》《马可福音》《路加福音》三本符类福音书，以及保罗所有的书信，还有约翰记录的《启示录》，对于耶稣再临、世界末了和末日审判，都有非常清楚的阐述。而且，《圣经》中绝大部分预言也已经实现，《圣经》的末世观，影响自然也十分深远。《马太福音》24~25章，集中记载了耶稣基督对于世界终结的描述。例如，《马太福音》24:3~8节如此记载。

耶稣在橄榄山上坐着，门徒暗暗地来说，请告诉我们，什么时候有这些事？你降临和世界的末了，有什么预兆呢？耶稣回答说，你们要谨慎，免得有人迷惑你们。因为将来有好些人冒我的名来，说，我是基督，并且要迷惑许多人。你们也要听见打仗和打仗的风声，总不要惊慌。因为这些事是必须有的。只是末期还没有到。民要攻打民，国要攻打国。多处必有饥荒，地震。这都是灾难的起头。

《马太福音》紧接着的如下章节，耶稣基督还做了诸多细节性的说明，告诉人们末世的许多征兆。《启示录》通篇都在描述世界末日的景象。可见，基督信仰体系下，认为这个世界是要终结的，如同人都有其终结一样，即"按着定命，人人都有一死，死后且有审判"（《希伯来书9:27》）。在基督信仰体系下，也不是像世俗学问不证自明地所相信的那样，世界会越来越进步，越来越发展，越来越美好。

我们也知道，在伊斯兰信仰体系下，"末日"也是"天道五功"或"五信"之一，第二信就是"末日"[①]。《古兰经》第2章《黄牛》第177节如此说。

你们把自己的脸转向东方和西方，都不是正义。正义是信真主，信末日，信天神，信天经，信先知，并将所爱的财产施济亲戚、孤儿、贫民、旅客、乞丐和赎取奴隶，并谨守拜功，完纳天课，履行约言，忍受穷困、患难和战争。这等人，确是忠贞的；这等人，确是敬畏的。

《古兰经》中，末日还有多种名号：不许说情的日子（2:254）、诚实有裨于诚实人的日子（5:119），另有清算之日、集合之日、悔恨日、判决日、呼叫之日、相会之日、甄别之日、警告实现之日、永居开始之日、从坟中出来之日等，和末日审判有关的一些器物和情形有：功过簿、公道的天秤（21:47）、在每个民族中推举一个见证（16:84）、每个灵魂都来为自己辩护（16:111）。在《古兰经》中，真主的形象是世人的威严法官，他按各人的信仰和行为给予其果报。总之，穆斯林世界里，人们相信末日终究会来到。

回顾中国的文化典籍，也可以看到中国的历代先贤们，也没有人类不断进步的乐观，反而都表述了世代趋恶的思想。以孔子为例，他强调了自己所生活的时代，已经处在"大道之行"到"大道既隐"的阶段。《礼记·礼运》里，孔子说过这么一断话。

子曰："大道之行也，与三代之英，丘未之逮也，而有志焉。大道之

[①] 末日是伊斯兰教重要的信条之一。

行也，天下为公。选贤与能，讲信修睦。故人不独亲其亲，不独子其子。使老有所终，壮有所用，幼有所长，鳏寡孤独废疾者皆有所养。男人分，女有归。货，恶其弃于地也，不必藏于己；力，恶其不出于身也，不必为己。是故谋闭而不兴，盗窃乱贼而不作。故外户而不闭。是谓大同。今大道既隐，天下为家。各亲其亲，各子其子。货、力为己。"

"大道之行也，天下为公。选贤与能，讲信修睦"，这是我们常常听到的话。但又有多少人愿意提后面的话呢？孔子说："今大道既隐，天下为家。各亲其亲，各子其子，货、力为己。"孔子在当时就已认识到礼崩乐坏的既定现实，慨叹"今大道既隐"了。在他所处的时代，已经进入了人人为己，而非人人为公的时代了，我们怎能盲信时代的不断进步？当然，后世人都喜欢引用孔丘的"大道之行也，天下为公"，浑不论孔子在他自己的时代都已承认了"大道既隐"。后世的假孔子之名，行个人私货之实，这恐怕不是尊重孔子、尊重历史的态度。

我们也可说到诸子百家。比如墨子的兼爱非攻，道家的阴阳和合，兵家的权谋形势等，背后都有对社会形势不容乐观的思考。

作者曾阅读过一位厦门老先生的文稿《论传统文化》。这篇文稿讲述的是华夏古经与《圣经》的关系，将中国文化划分为三个时代：东周诸侯割据混战之前，中国处在"神本时代"，人们对于自然和道，有很强的敬畏，在所有的事情上，都把神的地位放在最高。由东周群雄逐鹿起，直至1912年，是"君本时代"，皇帝是最大的，"天下为家"、"朕即天下"。一整套的纲纪伦常，在维持着基本的社会秩序。1912年辛亥革命之后，是"人本时代"，西方思潮引入中国，人文精神得到张扬，人的权利得到尊重，但也慢慢走向了人类自我中心，伴随着人类欲望的过度膨胀。由此，会带来人与自然和谐相处的巨大危机。他的思考与启示，与保罗·蒂利希（Paul Tillich，1886~1965年）在《系统神学》中阐述的自律、他律和神律的历史分期与文化特征，有不谋而合之处。

通过经典解读和对发展的不断思考，我们需要逐渐从进步的蒙昧主义、科学的蒙昧主义、发展的蒙昧主义中脱出，树立独立的思想。这种思想，是要突破线性思维，不再迷信地、简单地认为，这个世界会有一个单向度的、由简单到复杂、由低级到高级的发展过程。若要达成正确的认识，需要求真和求善的心。在求真上，作者认为要建立真实感和实践感的二维坐标体系，而加入求善，就需要加入第三维坐标——道德感。在这个三维坐标系下，就可以认识到：一个负反馈的系统，一个有制衡机制和纠错机制的系统，才是平衡的系统。如果一个系统在单向度地发展，其最终结果就是毁灭。不幸的是，开动了现代化大机器的发展主义，已经走上这条不归之路。

均衡效应与极化效应

发展和发展主义会不会一直持续下去呢？这一问题是值得讨论和怀疑的。毕竟，我们看到了无处不在的极化效应：财富的两极分化带来了全球分配的"二八"定律，往往20%的人占有80%的财富，20%的国家占有了80%的财富等等；就食物而言，全球3%的人口占有了20%的食物，而在社会收入最底层的20%的人却只占有了3%的食物。

若能看到极化效应的存在，则会对主流经济学简单的均衡思想有一个中和。实际上，一个社会经济系统一直存在两个侧面：均衡与极化，就像一枚硬币的两面。主流经济学只片面地相信市场均衡，只研究市场均衡。实际上，极化效应总体上要比均衡效应大很多，主流经济学漠视了这一效应的存在，由此带来了理论和实践的诸多问题。

如果能够对极化效应进行有效的研究，对于经济学来说，是一个正面意义上的补充，使它更符合客观经济世界的运行逻辑。当然，这也具有革命意义，因为是对旧理论的一种颠覆。

华 生

双轨制的历史使命和现实意义

经济学博士，著名经济学家。1986年被评为国家级有突出贡献的专家，是影响我国经济改革进程的三项重要变革（价格双轨制、国资体制、股权分置改革）的主要提出者和积极推动者。

本人提议的价格双轨制获奖了（第四届 "中国经济理论创新奖"），而且价格双轨制实际上过渡时期不长，从1985~1993年前后就结束了。但双轨制从一开始就遭遇了太多的误解和质疑。

双轨制的真实含义

实际上在莫干山会议上，包括会议报告，写得并不是双轨制，最主要是说 "放调结合"，放开计划外价格和调整计划内的价格，两条腿走路，完成价格改革。我现在还记得，当时向时任国务委员张劲夫汇报的时候说，一方面通过放开价格，让市场价格开始往下走，同时国家调整计划价，使得两个价格靠近，这样可以通过5年左右的时间，完成中国计划价格向市场价格的过渡。但由于双轨制的名称特别响亮，后来大家都说双轨制，一说双轨制就是搞两个价格，一个产品搞两个价格，当时最形象的批评是说，这等于一个路上允许通行两个交通规则，既可以沿着左边开，也可以沿着右边开，结果一定是撞车，这是当时最形象的批评。其实莫干山会议提出的、中央接受和宣布的是放调结合、双管齐下、稳步推进。

诺贝尔奖获得者斯蒂格利茨回忆，说当时美国的经济学家和中国经济学家坐在一起研究的时候，当讨论计划价格如何过渡，大家都很难看到有什么样的一条道路，怎样能平稳地转过去。他说中国人后来找到了一个天才的办法就是双轨制过渡。厉以宁老师在20世纪80年代有一句著名的话，经济体制改革失败可能是因为价格改革的失败，经济改革成功一定是因为所有制改革的成功。我国经济体制改革没有失败，从这个逻辑来说是因为价格改革没有失败。但这在当时是受到怀疑的，所以才有1988年的价格闯关。

双轨制的历史使命

当时认为，放调结合的双轨制推进不算是什么价格改革，因为没有大的决策，没有大的组织，所以在1988年决策进行闯关，准备5年时间完成。现在回过头来看材料当时决心是很大的，准备当年价格水平上涨80%，再用几年的时间完成价格闯关。我们知道，如果今天搞任何一个改革，物价水平当年上升80%，我估计谁都承受不了。1988年的闯关很快停止了，但是双轨改革没有停下来，市场在逐步扩大，计划调价在不断地进行。

其实在20世纪80年代没有今天的民营企业也没有多少外资，大量的国营企业集体企业包括乡镇企业把计划内的产品倒到了计划外，把低价格的东西搞成了高价格，逐步向市场价格靠近，通过自身利益的导向，逐步瓦解了计划经济体制。等到1992年我国正式要实行社会主义市场经济的时候，那个时候回过头再看，发现原来认为最难和最危险的价格改革基本上没有了，不用闯关消化于无形了，就是由于这些年放调结合的过渡。那一段时期计划价的多次有力调整，也大大推动了放调结合的双轨推进，促进了计划价与市场价的靠拢。这样经过7年左右的时间，等到20世纪90年代我国开始市场经济改革的时候，最主要的工作已经不是做价格改革了，价格改革只是扫尾，做的是财政税收体制的改革，是分税制的改革。

所以，回过头来看这段历史，可能会对我们有很多的启发。特别是改革，一个思路，一个想法提出来的时候，看上去不是那么漂亮，但是关键在于能否推动我国社会的前进，推动我国社会的转变，使它变成一个不可逆的过程。实际上不光是价格改革，双轨制某种意义上是我国整个体制转轨的特色，即增量渐进不断转化存量，既发展增量，同时又转化和调整存量，实行了整个社会不可逆转的转型，应该说我国经济社会的转变，体制的转变，基本上是这么一个特征和轨迹。

双轨制的现实意义

双轨制在今天有什么意义呢？我认为还是有很大意义的。一方面，因为当年价格双轨制主要是商品价格，今天的商品价格还有少量的资源价格，主要是油、电、水、气，因为是垄断性的，因为是和大家关系特别密切的，应该说目前还没有完全过渡到市场价格。有些价格是国内国际双重的双轨制，国际上一个价格，我们一个价格，在这方面，双轨推进可以做完它的扫尾工作；另一方面有些价格是要逐步调整的，调整本身也是价格改革的内容。对市场的理解不能太简单，就像我到英国的时候，看伦敦地铁的价格，我们以前在的时候是一镑多，现在变成七镑多，小步快调，每年都调，所以跟上市场的变化。并不存在多个买家和卖家竞争的场合，当年周小川他们提出的"小步快调逼近市场均衡价"的思路，就有用处。因此"放调结合"的思想，今天在完成资源价格产品扫尾方面还有它的积极意义。

更重要的是要素的价格，我们今天的几大要素的价格，基本上都还没有市场化。比如最重要的资金价格，大家一直在说，资金价格也就是存贷款利息要市场化，但是今天虽然中国改革开放已经30多年，条件比原来好多了，一步实行利率市场化的改革可能也会对经济产生比较大的冲击。在这个时候，双轨制是可以继续采用的，可以通过大力发展债券市场开始。现在债券的利率，像我们发行的公司债已经完全是市场化的，如果这个市场足够大，大力发展公司债，让公司债像股票一样让普通老百姓都能买，大量的银行存款必然会向企业债转移。这些债券的利息都在7%~8%，银行的存款利息只有2%~3%，老百姓为了国债的利息多零点几个点，夜里排队，而这些公司债，特别是上市公司的公司债由于大多数是由大中型企业发的，一两年以内显然不会破产，买这个债券安全性是很高的，通过债券利率的市场化，推动存贷款利率市场化，是当前可以采用的。

包括在土地和劳动力方面，城里人和农民工，本地人和移居的人口实际上也是一种双轨制，我们不面对它，就不会消除这种情况，我们承认这个现实是双轨制的，我们的目的是从双轨过渡到一个统一的轨道上，我认为这不是退步，反而是正视问题和进步。

温铁军

贫困经济学：
资本化与制度成本转嫁

中国人民大学教授、农业与农村发展学院院长、可持续发展高等研究院执行院长；国务院学位委员会学科评议组成员，政府特殊津贴专家。晏阳初乡村建设学院理事长兼院长，著名三农问题专家。

当代人们讨论的贫困，是个相对于发展的概念。那么，什么是发展中导致贫困的根本原因呢？在做了多种不同国家比较和国内区域比较之后，我的归纳叫做"制度成本转嫁论"，即"成本转嫁理论"。从理论资源来说，它是从阿明的"第三世界依附理论"和沃勒斯坦的"世界系统论"进一步演化而来。认为世界发展不平衡和贫困的原因，是制度成本转嫁形成的。当代加快全球化中的贫富分化本身并不可能靠任何现代化的发展过程来化解，反而会随之加剧。对此，我有几个去意识形态化的经验性归纳。

亲资本政策：发展中国家的普遍趋势

大多数后发国家要进入所谓发展主义现代化，首先遭遇到的最大困境是资本要素的绝对稀缺。西方经济学立论的前提是要素相对稀缺；这个前提下的要素配置方式在理论推导上可以得出一个结论，即市场这个看不见的手可以自发地配置要素达至最优。而发展中国家客观上最大的麻烦却在于，不具备这个西方经济学构建理论逻辑的前提，经济学和我们要研究的客观现象差距太大。发展中国家不存在要素相对稀缺，而是西方经济学不讨论的要素绝对稀缺。如果发展中国家普遍存在的困境是资本要素绝对稀缺，那会怎么样？它就会亲资本。

我们做的国家比较研究结果发现，不论何种主义、体制、政府，都有一个共性的特点，就是只要资本绝对稀缺，政府就会采用亲资本的政策体系，除非被封锁。例如20世纪60年代，我们被两个超级大国封锁，资本绝对稀缺甚至趋零，因此就出现"去依附"，而转向亲劳动力，亲民众，亲社会。因此20世纪60年代是我国最强调自力更生、艰苦奋斗的年代，也是最大规模动员劳动力，以劳动力替代资本继续维持国家工业化原始积累的年代。在资本趋零的状态下，我们只能靠高度集体化，成规模地组织最丰富的劳动力资源，去替代最稀缺的资本。而当20世纪50年代可获得苏联资本、20世纪70年代又可以获得西方资本时，我国就先亲苏联资本，后亲西方资本。客观地从发展主义的角度来看，这些亲不同资本的政策体系和发展模式没有好坏对错之分。

产业资本移出：化解"三战"的潜在威胁

1929~1933年西方大危机爆发，本为资本主义一般内生性矛盾的全面爆发——资本主义条件下的工业化扩张势必导致生产过剩。当在像欧洲这样半岛型的狭窄大陆上，全部工业化国家都发生生产过剩的时候就无法解决，只能靠资本主义国家之间的战争摧毁过剩生产能力。

在美洲大陆之所以有罗斯福新政，是因为它是西方新开拓的殖民地，物理空间广大，可以让国内所有一般资本主义经济暂停。"罗斯福新政"之所以能够救美国，无外乎是政府在生产过剩条件下，直接把过剩劳动力和国家工业化过程所创造的设备生产能力结合起来，去做国家投资的基础建设，开发中西部。这个做法与中国20世纪90年代末铁腕调控、大规模增发国债投资中西部基本建设的做法差不多。

当年美国人在西方大危机中能够幸免于难，但在狭窄的欧洲大陆上大家都生产过剩，就不能幸免于难，于是欧战爆发，最后蔓延成世界大战。应该提出的问题是：二战之后，人们都担心要打三战，因为资本主义一般内生性矛盾——生产过剩并没有解决，只是被战争摧毁了一遍，然后战后恢复重建。那么，战后发生什么改变使人类免于三战了呢？是产业资本移出。

从原来的帝国主义列强纷争变成两个超级大国双寡头控制，重新按双寡头控制愿望瓜分世界，于是形成一个新地缘战略的发展趋势。双寡头都在尽可能地更多分割势力范围，导致出现与冷战对抗同步的"双雁阵产业转移"。二战中西方唯一没有被破坏的经济体是美国，它庞大的制造业生产能力在战后开始对大西洋的西欧和太平洋的日本，做两条线的产业转移。而这个产业转移，与后来日本20世纪70年代的第二次"雁阵转移"之不同，在于早期的这种产业转移是战略性的装备输出。与美国同时同理，通过战争形成庞大生产能力之后，苏联也是陆上两条线的产业对外输出，一条战线输出东欧，一条输出中国、蒙古等。那个年代只要宣称社会主义的国家，大都得到苏联的产业转移。

事实上，受援国接受产业转移的同时，也都接受了产业资本输出国的政治意识形态。到20世纪70年代，多数西方国家复兴的产业资本进一步对发展中国家转移，生产过剩的内生性矛盾被转移到发展中国家，发生三战的威胁也就淡化了。

20世纪50年代我国上层建筑的全盘苏化

战后双寡头两翼输出产业资本的过程本身也是新的地缘格局形成过程，而这个过程是战略性的，输出的是装备制造业，于是有了中国20世纪50年代在没有来得及搞轻工业的条件下就直接进入重工业的状况。重工业有一个内生性特点，就是资本增密、技术增密，由此势必是排斥劳动的。

对中国人口这么多的一个国家，还没有发展轻工业和一般消费品，就先得到发展重工业的机会，那会发生什么呢？于是，当中国刚完成"一五"计划时，就产生了城乡二元结构。城市不再需要大量农村劳动力，因为它是重工业打头。再加上1957年中苏两国发生了一些问题，"二五"计划苏联不再给予援助性的投资了，所以中国重工业为主的经济发展不得不中辍。

据此可知，二战之后两个超级大国的双雁阵转移有一成一败。美国战后的产业转移和地缘控制战略基本完成，西欧和日本战后复兴，在20世

60年代到70年代，原来被摧毁的工业基本上恢复了，同时也构成了西方政治军事同盟。但是，苏联的转移，对东欧和蒙古相对顺畅，因为二战期间它占领了东欧和蒙古。麻烦在于对中国的转移。

二战之后，苏联在中国保留了中长铁路、大连特区和旅顺港的控制权，苏联的远东舰队（太平洋舰队）驻扎于旅顺口（旅顺口是为苏联太平洋舰队在太平洋一线唯一的不冻港的入海口）。但中国作为一个世界上有着漫长国家史的国家，格外重视国家主权完整。当苏联在"一五"计划对中国进行战略性援助投资时，要按照苏联的经济管理方式建立政府、学校、科研机构等。古典政治经济学的基本道理是，什么样的经济基础形成什么样的上层建筑。为了适应苏联投资形成的工业化经济基础，我国当年的上层建筑乃至意识形态"全盘苏化"。

但在1955年，中国人已经开始提出"全盘苏化"对中国维持国家主权有影响。值得注意的是在这个时候中苏之间尚在"蜜月期"，中国人就有了这种讨论。接着是1956年苏共"二十大"两党之间开始发生分歧；同年中国要按照中苏条约规定收回旅顺口、大连特区和中长铁路的控制权，收回过程中也出现很多问题。此后，与苏联关系的恶化导致中国出现很严重的投资不足和债务危机等。尽管危机严重，可当中国人1958年试图正式消除"全盘苏化"的时候，仍然是非常困难的。

为什么呢？苏联模式的重工业作为主要经济基础，甚至成为国家财政主要来源的时候，中国想改变全盘苏化的上层建筑，乃至于已经被知识分子们当成看家本事的外来意识形态，能改吗？政治经济学的基本原理告诉人们：上层建筑和意识形态一旦形成，就会反过来制约经济基础。直到全部经济基础发生根本变革，庞大的上层建筑和滞后的意识形态才会或快或慢地发生变革。

我国提出现代化的背景：农业集体化向工业化贡献剩余

中国经过了三次以土地革命战争为实质的国内战争，土地革命内在地反映了农民几千年来的基本诉求——"耕者有其田"。土地革命战争的结果是占人口88%的农民平均分配村内土地，成了小土地所有者。这些小土地所有者过度分散，是一盘散沙。此后，我国社会的很多复杂情况，与无产阶级革命或社会主义体制无关，而与分散的小有产者群体占比过大的基本国情有关。

中国也是世界上最大的原住民国家，从来没有被外来殖民者彻底改造。而美国原住民人口仅为52万，占总人口不到2%。如果单纯从农业角度来说，大农场的产业化农业与"福特主义大生产"相适应，而被西方意识形态当成先进的模式，但没有哪个大农场国家不是靠殖民地资源条件而形成规模经营的。世界上的大农场国家几乎都是把原住民人口减少到10%以下。而整个亚洲基本上都属于原住民国家，由于亚洲原住民人口在西方推进殖民化的几百年中没有被大规模减少，因此，多数亚洲国家的乡土社会是相似的，很少有大农场形成。

在研究过程中发现，像我国这样的原住民大国，它所充满的内部矛盾，并非当代形成，而是历史延续而成。而当代中国人遇到最大的问题是什么？在这么多的农村人口都变成小土地所有者的状况下，政府要进行工业化，交易费用奇高。按诺斯的"交易费用理论"，当交易对象大到一定量的时候，交易就无法进行，因为交易成本过高。同理，政府无法跟大量的分散小农交易，因此为了推进工业化而开始搞农业集体化，用集体化解决政府为了工业化原始积累而需要从农业提取剩余的矛盾。

我国集体化建设起来以前，因为搞工业化粮食供给跟不上，在1953年开始搞"统购统销"。但政府面对那么多农民无法交易，于是发起合作化运动高潮，到1955年大部分农民进入初级社。当局称之为从"满头乱发没法抓"到"编成辫子就好抓"。通过建立组织解决交易成本过高的问题，这也就是科斯所说的"组织是反市场的产物"。对中国在20世纪50年代的实际经验归纳，也就从诺斯的交易成本理论转化成科斯的企业组织理论。

1955年中国已经成规模生产苏式的拖拉机，但只有七八户、十来户农民组建的初级社，根本用不起那些大马力履带式拖拉机，势必造成浪费。于是，各个工业部门纷纷向中央建议，敦促中央提高合作化的层次，搞高级社，只有以乡为单位建设土地规模经济，才能接收大型拖拉机。于是1956年中共中央提出农业现代化，其真实内涵是"集体化+机械化"。如果没有以乡为单位进行规模经营，就没有国家机械工业的出路。这就是中国最早提出农业现代化的背景。所以，农村集体化算是以很平和的形式，服务于工业化早期的工农两大部类交换的要求。

十一届五中全会给历史问题定调以后，薄一波写了两大本《建国以来的若干重大历史问题的回顾》，其中写道，国家要搞工业化，就得积累，这就得让一部分人作出牺牲，中央反复讨论，决定只好让农业作出牺牲和贡献。因此，农业集体化并非农业自身的错误：第一，集体化是为了服务工业化建立的；第二，集体化有利于工业化提取积累。因此，农业集体化的微观经济乃是国家为了工业原始积累大量提取农业剩余造成的。至于集体化向国家工业化贡献了多少，一直以来都有研究。20世纪80年代的农研中心研究剪刀差大约8000亿；与另外一个数据对比，到1978年改革之初，中国全部国有工业固定资产只有9600亿；孔祥智教授的研究是60年三农做出的各种贡献约为13.7万亿。

综上所述，1949年在土改期间造就大量分散小农的情况下，当局代表整个中国人民最大多数根本利益而发展重工业，接着是为了保证基本的国家主权安全而不能接受全盘苏化。并且，发展工业化就要原始积累，就要提取剩余，于是决定只能从农业来。原始积累完成后的20世纪80年代，中国进入产业（资本）扩张阶段，它是一个资本的结构调整和资本的结构性扩张。这个阶段由于资本扩张，产生资本溢出效益，于是社会收入增加。

现代化陷阱：城市周期性危机将代价转化给乡村

城市化实质上是个集中资本的过程，但也是风险与资本同步集中。在我国城乡二元结构体制下，城市周期性爆发危机，把代价转给乡村。我们今天成了一个工业化大国，凭的是大量向乡土社会转嫁了城市资本集中与生俱来的代价，因此我们有严重的三农问题。今天加快城市化和工业化，其结果仍然是土地和劳动力、资金等基本要素大规模净流出。当我们把所谓的工业化和城市化作为现代化的主要内涵时，就意味着要准备承担代价。

三农领域中，三要素的大规模净流出。这导致三农的衰败，弱势群体变成草根。从社会角度来说，草尖（青壮劳力）离开了，农村剩下老人、妇女、孩子。劳动力资本存量最高的部分——贡献他的劳动剩余给城市资本了。城市人占有了农业和劳动者剩余之后，给草根回报了吗？这是最大的不公平。

在城市过度集中资本，就会过度集中风险。我们发现只要经济危机软着陆成功，那一定是城市资本把代价转移到乡村去了。凡是硬着陆，那一定是这代价转移不出去，于是硬着陆就砸出了改革。无论改革还是调整，都不过是危机硬着陆在城市资本的结果。

资本，不论国有还是私有，都是人类制造又反过来异化人类自身的异化物，在一般情况下，政府服务于资本。但在特殊情况下，会出现政府和资本直接结合——资本内化于政府，于是政府公司化，虽然节省了政府与资本之间的交易费用，但政府权力和资本权力共生的时候，对资源作资本化占有的能力就大为增强。而资源原在民生之中，只有内化于政府的资本，才能最顺畅地推进资源转化成资本的过程，并甩掉制度成本。

三农问题的未来发展

我们关注的三农到底是什么问题。先看国际经验。

世界上农业本来分三大类，大农场只适合于殖民地，欧盟国家也是小农场为主，因此农业补贴占财政的40%以上，同时也造成欧盟农业50%~60%以上是市民兼业农业。尽管美国、加拿大这种大农场国家也并不能脱离政府补贴，但没有欧盟那么高。

亚洲的小农国家里最为接近西方现代化的是日本和韩国。我们叫"日韩模式"。日本农民只剩下558万，农业劳动力平均年龄64岁。主要靠JA系统来解决问题,它是一个综合性农业合作社。政府给予最优惠的政策,让农民合作社免税进入金融、保险、房地产、购销、餐饮、加工、旅游等各种非农产业,所有在二三产业中产生的收益必须50%以上返还三农。其实日韩和中国台湾都是JA模式——保证农民收入较高,生活无忧的这种模式就叫做综合农协——收益并不来源于农业,因为小农经济在农业领域中是不可能获得高收益的,而来源于给综合农协以特殊政策,让它可以从第三产业中占有高收益。所以在日韩和中国台湾,95%以上的农民都加入综合农协。

所以我们说,东亚经验表明,不是没有办法化解三农困境。

麻烦在于,这个办法要从现在的利益集团中去重新做调整,要把金融、保险、房地产、加工、超市、餐饮、批发、旅游所有这些非农产业还给农民的话,那些利益集团是不会让步的。怎么才能让中国农民得到像日韩农民,包括中国台湾农民那样的优惠待遇呢?只有帮助农民组织起来,只有农民组织起来才能跟其他利益集团谈判,谈判才能获得交易地位。高度分散的小农交易费用过高,根本不可能谈判。所以今天农民在一盘散沙的条件下是不可能有美好未来的。

再进一步说,如果我们国家想要真的建立市场经济,必须构建信用社会的基础,那也是得让分散的农民形成组织,提高谈判地位,才能形成可维护的契约关系。总之,没有农民组织化提高,中国就不可能构建以契约信用为基础的市场经济。

郭少英

有一片恐怖的绿洲

《澳门商报》首席记者，资深财经媒体人。

荒漠中的绿洲

"在令人厌倦的沙漠里，有一片恐怖的绿洲。"

在《2666》一书的扉页上，我看到了这句话，并把它发在自己的微博上。显然是这部书的作者——著名作家罗贝托·波拉尼奥喜欢并引用了这句话。这句话里的悖论同样引起了我的思索。

法国诗人波德莱尔的名作《恶之花》中，原句为"世界单调狭小，今天、昨天、明天，总是让我们看见自己的形象：恐怖的绿洲在无聊的沙漠间"。有评论认为，波德莱尔将19世纪中叶高度发达的资本主义时代的巴黎，形容为"令人厌倦的沙漠里的恐怖绿洲"，是因为诗人以其敏锐的眼光看到了开放于繁华表象之下的病态之花。

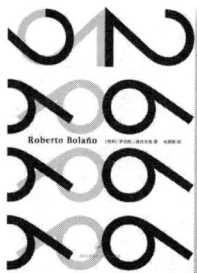

我当时的理解是：沙漠令人厌倦，是因为单调没有生机；绿洲令人恐怖，是因为这里有生命，但被人类主宰。我的意思是说，人类天生的贪婪、斗争将沙漠中唯一的绿洲变成恐怖之地。后来有网友回复说："荒漠的可怕在于看不到任何希望，人们只得将原本虚幻、空无一物的海市蜃楼当作精神的慰藉与寄托。较之荒漠，处处充满生机、活力的绿洲更像一片乐土，它以安逸、快乐的表面现象迷醉了人们的双目，使他们沉醉于天堂将近的温柔乡中不知今夕何夕，无视或刻意遗忘身边潜在的危机"。

波德莱尔的诗句之所以如此迷人，正是因为诗人的目光穿越时代，道出了人类共同的痛感。这是成长之痛，也是发展之痛。

恶的根源

《2666》是2004年问世的一部长篇小说，被认为是"超越了《百年孤独》的惊世之作"。拉美作家波拉尼奥在自己的作品中将沙漠小城圣特莱莎比喻为"恐怖绿洲"。他眼中的现实世界与波德莱尔的时代并无二致，人性深处的劣根性也无本质不同，恶的根源仍在，恶之花仍在这"绿洲"之上处处开放。

我们今天所处的时代发生了很大变化，民主自由已经成为世界通行的价值观，环保低碳也已经得到广泛认可。作为已知拥有生命的唯一星球，这块绿洲有何变化？波拉尼奥写道："一切当然在变化，可犯罪的典型没变，同样，人类的本性没变。"《2666》中文译者赵德明先生认为，进入21世纪后，人性恶不是没变，而是更加膨胀了。以人权、公平、正义的名义进行的大规模杀戮，以"和平发展、互利双赢"名义进行的资源掠夺，在高科技的帮助下，规模大、程度激烈、手段狡猾的大量事实，都证明人类的贪婪、疯狂和残忍已经上了一个新台阶，达到自我毁灭的新高度。

人类自我毁灭的另一个有力证明就是对地球环境的破坏。气候异常，许多生物濒临灭绝，可耕地减少，水资源匮乏，煤炭、石油等不可再生资源的"末日"来临已屈指可数，这些都是人类疯狂、邪恶、贪婪膨胀的不争事实。严重的是，人类没有觉醒，还对纸醉金迷的生活津津乐道。包括联合国在内的许多世界组织根本拿不出（也不可能拿出）治疗人类邪恶的灵丹妙药。更不用说，各国的政府和政客了，这些人恰恰是人性贪婪的推手和组织者，他们往往打着"爱国"和"为民"的口号为权贵集团谋取利益，有着很大的欺骗性。

作家似乎是站在寰宇之上以悲悯之心俯瞰人间的。他看到的是一片荒漠，人性恶的膨胀则是这荒漠中"恐怖的绿洲"。

发展的误区

这些年，成功学已经被称为"票房毒药"。因为人们在追逐成功的过程中，越来越多的陷入成功学的迷雾中。在一切为了成功、一切只为成功之下，他人成为对手，甚至他人就是地狱。似乎只要打出成功的旗号，那么一切行为都是可以理解的。

与成功并列，甚至危害更甚的，是发展。即一切为了发展，为发展而发展。如果说畸形的成功毒害的是个体，那么畸形的发展则戕害一个区域。在打着科学发展的旗号下，不少地方进行着强制性、掠夺性的硬发展。有人想用发展获得升迁的机会，有人想用发展得到漂亮的数字，有人想用发展掩盖累积的矛盾。于是，我们看到了发展中的破坏、疯狂与罪恶。疯狂地发展物质生产，全然不顾生存环境；恶性的市场竞争；残酷的剥削和压迫；道德沦丧；官场腐败……种种倒行逆施，都源于自私和贪婪。高科技的迅猛发展非但没有改善发展方式，反而推动经济和社会像高速列车一样向万丈深渊驶去。

如果问什么是今天中国最大的问题，答案就是发展。发展使众多地区的温度不断上升，群体性事件时有爆发。这片绿洲变得陌生和恐怖，现在已经到了必须反思的时候了。不能让发展的车轮持续碾碎中国人的田园，也不能让城市化的推土机拆掉普通民众的家园。

反思制度之恶

在人吃人的社会里，底层的人们由于无权无势，往往是受害者。他们被侵权后，得不到任何社会援助。因为社会体制的建立是暴力的产物，依靠暴力夺权的人在掌权。

而在资本主义社会，权贵集团靠金钱实力统治和欺压底层人民，他们不仅掌握着国家的经济命脉，还垄断着一切舆论工具，甚至企图钳制人们的思维方式。这样的制度本身包含着一种价值取向：驱动人们追求金钱、攀附权贵，充当物欲的奴隶。正是在这样的社会制度下，作者在书中流露出一种"淡淡的忧伤"，因为他看不见解决人性恶膨胀的出路。作品里面充满了"不信任感"，因为"一切都是欺骗"，大家"只能苟延残喘地活着"。《2666》站在全人类的现实高度看见人性恶的膨胀，更预见了未来。赵德明教授认为，人类应该有所警惕并找出应对措施，努力避免人类的自相残杀和毁灭。